세상을 바꾼

축

**권력이 만든 건축,
권력을 만든 건축**

세계사 가로지르기 18
세상을 바꾼 건축
© 서윤영 2016

초판 1쇄 발행	2016년 7월 22일
초판 6쇄 발행	2023년 7월 21일
글쓴이	서윤영
펴낸이	김한청
편집	원경은 차언조 양희우 유자영 김병수 장주희
마케팅	박태준 현승원
디자인	이성아 박다애
운영	최원준 설채린

펴낸곳	도서출판 다른
출판등록	2004년 9월 2일 제2013-000194호
주소	서울시 마포구 양화로 64 서교제일빌딩 902호
전화	02-3143-6478
팩스	02-3143-6479
블로그	http://blog.naver.com/darun_pub
인스타그램	@darunpublishers
메일	khc15968@hanmail.net
ISBN	979-11-5633-100-1 44900
	978-89-92711-70-8(세트)

세상을 바꾼

건축

권력이 만든 건축,
권력을 만든 건축

서윤영 지음

다른

차례

여러분에게 2주간의 휴가가 주어진다면 무엇을 하고 싶은가? 아마 많은 사람이 해외여행을 하고 싶어 할 것이다. 해외여행을 한다면 어디 가서 무엇을 보고 싶은가? 프랑스의 에펠탑과 루브르 박물관, 인도의 타지마할, 바티칸의 성 베드로 대성당, 그리스의 파르테논 신전, 이집트의 피라미드 등 많은 곳이 떠오를 것이다.

세계 문화유산으로 지정되어 많은 관광객을 모으고 있는 건축물들은 공통점이 있다. 고대 건축물에는 신전이 많고, 중세 건축물에는 성당이 많으며, 절대왕정 시대 건축물에는 궁전이 많다는 것이다. 그렇다면 이런 의문이 생긴다. 왜 이집트에는 왕의 무덤인 피라미드만 있고 왕이 살아생전 머물던 왕궁은 남아 있지 않은가? 중세의 그 화려한 성당들은 세계 문화유산이 되어 관광객이 끊이지 않는데 중세에 왕이 살던 성은 왜 오늘날 그만한 관광지가 되지 못하는가? 절대왕정 시대에 루브르 궁전과 베르사유 궁전은 그렇게 화려하게 지었으면서 왜 성당과 신전은 새로 짓지 않았는가?

그리스의 신전, 이집트의 피라미드, 절대왕정 시대의 궁전이 가진 공통점은 당시의 최고 권력자가 최고의 기술과 거대 자본을 들여 짓고 오랜 기간 유지했을 뿐만 아니라 이후 문화재로 지정되어 오늘날까지 국가의 세심한 관리를 받고 있다는 점이다. 이러한 건물을 기념비적인 건물이라고 하는데, 그 시대 지배층의 논리에 따라 지어진다.

　인간이 후세에 남을 기념비적인 건축물을 세우기 시작한 것은 청동기 시대로, 족장의 무덤인 '고인돌'이 시초다. 우리는 그 커다란 돌덩이를 바라보며 그것을 실어 날랐을 많은 사람과 그들을 부린 권력의 크기를 짐작한다. 이처럼 고대 문명의 특징은 거대한 돌을 쌓아 세력을 과시하는 것인데, 이러한 특징이 가장 웅장하고 세련되게 드러나는 것이 피라미드다. 인류 역사상 왕권이 가장 강력했던 나라는 고대 이집트와 마야 문명이며, 이 두 문화권에서만 피라미드가 세워졌다. 반면에 이집트와 인접한 메소포타미아에는 왕의 무덤 대신 왕이 신에게 제사를 지내던 신전이 남아 있다. 이집트의 왕은 신과 동일시되었지만 메소포타미아의 왕은 신과 인간의 중간자일 뿐이었기 때문이다.

　인더스 문명이 융성한 갠지스 강 유역에서는 왕궁이나 신전 대신 벽돌로 지은 서민들의 주거 유적지가 대단위로 발굴되었다. 사실 시대와 나라를 막론하고 가장 많이 지어지는 건축물은 서민의 집이다. 하지만 일반적으로 서민의 집은 값싼 재료와 낮은 기술을 사용해 짓기 때문에 금세 낡아 없어진다. 인더스 문명의 주거지가 아직도 남아 있다는 것은 서민 주택을 짓는 데 고급 재료와 정교한 기술을 사용했음을 의미한다. 그래서 학자들은 세계 4대 문명 가운데 인더스 문명이 가장 민주적이었을 것으로 추정한다.

고대 국가에서는 왕권보다 신권이 중요시되었다. 그래서 궁전이 아닌 신전이 유적으로 남아 있는 것이다. 민주주의의 효시라고 일컬어지는 그리스 도시 국가에서조차 가장 공들인 고급 건축물은 그 도시의 수호신을 모신 신전이었다. 고인돌과 피라미드 역시 그 사회적 성격상 신전에 가깝다.

로마 시대의 기념비적 건축물들은 대규모 오락장들이다. 로마 제국은 원칙적으로 공화정을 표방했기 때문에 왕궁을 짓지 않았다. 대신 시민들을 정치에 무관심하게 만들기 위해 각종 오락을 개발해 냈고, 그 오락을 마음껏 즐길 수 있는 대형 건물들을 지었다. 인간과 짐승이 맞대결을 벌이거나 전차 시합을 하던 원형 경기장, 극장과 대형 목욕장, 개선장군이 입성하는 장면을 극적으로 연출하여 애국심이 절로 끓어 넘치게 하던 개선문 등이 이때 지어졌다.

서양의 중세는 기독교가 지배했던 만큼 중세의 기념비적인 건축물은 대부분 성당이거나 교회다. 터키의 성 소피아 성당, 독일의 쾰른 대성당, 프랑스의 노트르담 대성당, 영국의 웨일스 대성당 등 우리가 알고 있는 유명한 성당은 모두 이때 지어진 것들이다. 궁핍한 현실을 상징하는 어두컴컴하고 긴 복도와 천국을 상징하는 높고 밝은 천장의 대비는 신의 위대함과 인간의 왜소함을 절절히 깨닫게 한다. 결국 인간으로 하여금 십자가 앞에 무릎 꿇을 수밖에 없게 만드는 이 고딕 양식은 서양 건축사에서 결코 빼놓을 수 없는 주제다.

르네상스 이후 과학 기술이 발달함에 따라 뱃길이 개척되고, 서구 열강들은 식민지 건설에 열을 올린다. 그리고 이를 통해 축적한 막대한 국부國富는 절대왕정을 탄생시킨다. 서구 역사상 처음으로 왕권이 교황권을 능가하게 된 것이다. 이 절대 권력은 호화 궁전의 건립으로 이어진다. 세계에서 가장 호화로운 건물로 손꼽히는 러시아의 예르미타시 궁전, 프랑스의 루브르 궁전과 베르사유 궁전 모두 이때 지어진다. 왕정이 붕괴하면서 박물관으로 개조된 이 궁전들은 전 세계에서 모여든 관광객들을 마주하며 여전히 우아한 미소를 짓고 있다.

　루브르 궁전과 베르사유 궁전은 결국 프랑스 혁명의 도화선이 된다. 이후 시민 의식이 싹트고 대통령제나 의원내각제를 채택하는 국가가 많아지면서 20세기에는 국회의사당이나 국립도서관과 같은 건물이 주도적으로 지어진다.

　우리나라에서 문화재로 지정된 건축물들은 주로 사찰과 궁궐인데, 특히 사찰은 삼국 시대와 고려 시대의 것이고 궁궐은 조선 시대에 지어진 것이다. 삼국 시대와 고려 시대의 궁궐이 남아 있지 않은 것은 근세 이전 국가들의 경우 왕권보다 신권이 앞섰기 때문이다. 불교를 탄압한 조선 시대에 기념비적인 사찰이 지어지지 않은 것도 당연한 일이다.

　조선은 현실적이고 합리적인 유교 이념을 바탕으로 한 나라였기에 통치의 기본이 되는 궁궐 건축을 중요시했다. 그리고 무속 신앙이나 불교 등의 종교는 인정하지 않았지만 성현과 조상에 대한 제사는 인정했기에 사당과 향교를 많이 지었다. 조선 중기 이후로는 집안의 재산을 장남이 단독으로 물려받는 경향이 강해지면서 재산 축적이 심화되어 거대 문중이 탄생했고, 이른바 '종가'가 등장한다. 종가는 유교가 변질되기 시작한 조선 중기 이후에 나온 특이한 건축물이다. 오늘날에는 주로 지방 문화재로 지정되어 있다.

이렇듯 건축물은 그 당시 지배층의 논리를 철저히 따른다. 이 책은 바로 이러한 내용을 살펴보고자 한다. 흔히 건축의 역사를 따로 떼어 생각한다. 그러나 건축은 인류 역사의 하위 갈래, 즉 인류 역사 속에서 탄생한 하나의 지류일 뿐이다.

신들을 위한 건축: 고대

해외여행을 다녀온 사람들의 블로그에는 비슷비슷한 사진들이 올라온다. 아테네의 파르테논Parthenon 신전, 로마의 콜로세움Colosseum, 파리의 노트르담 대성당Cathédrale Notre-Dame 앞에서 찍은 사진들이다. 이처럼 그리스의 신전, 로마의 원형 경기장, 중세 유럽의 대성당은 지금도 많은 사람에게 사랑받는 유명한 건축물이다.

그런데 어째서 고대 그리스 왕궁과 로마의 왕궁, 중세 유럽 서민의 집은 전혀 남아 있지 않은 것일까? 어느 시대든 가장 많이 지어지는 건물은 바로 사람이 사는 집이다. 그런데 왜 고대 그리스와 로마, 중세 유럽의 집은 하나도 남아 있지 않을까?

이집트의 피라미드

문명은 농경 사회가 시작되면서 꽃피었다. '문명culture'과 '농경cultivation'이 동일한 어원을 갖는 이유다. 문명은 사람들이 농경으로 잉여 생산물을 얻고 농사짓지 않는 겨울에 잉여 시간을 즐기면서 발달했다.

이집트 문명, 메소포타미아 문명, 인더스 문명, 황허 문명을 세계 4대 문명이라 한다. 4대 문명의 등장에는 약간의 시차가 있는데, 그중 농경을 가장 먼저 시작한 곳은 나일 강 유역이집트 문명, 티그리스 강과 유프라테스 강 유역메소포타미아 문명이다. 특히 이집트는 '역사의 아버지'라 불린 그리스의 역사가 헤로도토스가 "나일 강의 선물"이라고 칭했을 만큼 축복받은 땅이었다. 나일 강이 매년 정기적으로 범람해 농사짓기에 적합한 옥토를 만들었고, 넓은 사막으로 둘러싸여 있어서 이민족의 침입도 없었다. 이곳에서 농경과 최고의 문명이 발생한 것은 필연적인 일이었다.

강력한 왕권을 바탕으로 백성을 지배한 고대 문명에서 왕과 신은 동일시되었다. 당시 이집트에서 파라오^{Pharaoh}는 왕이자 신이었다. 이집트 왕실은 남매끼리 결혼하는 남매혼^{男妹婚}을 통해 대를 이어 나갔는데, 오늘날의 관점에서는 기이하고 이상한 풍습으로 보일지 몰라도 당시로서는 당연한 일이었다. 왕이 곧 신인 사회에서 신성한 혈통을 유지하려면 같은 혈족과 결혼할 수밖에 없었던 것이다. 그러자면 친남매 혹은 사촌 남매밖에는 결혼 상대가 없었다. 당시 사람들은 신이 인간과 결혼해서 낳은 아이는 점차 신성을 잃을 것이라고 믿었다. 왕에게 인간인 어머니와 외할아버지가 생긴다니, 고대 이집트에서는 이것이 오히려 이상한 일이었다.

이집트인은 왕, 즉 파라오가 죽으면 이집트의 수호신인 오시리스^{Osiris}가 된다고 믿었다. 그래서 그 신을 위해 피라미드^{pyramid}를 지었다. 오늘날 세계적인 관광지가 된 피라미드는 왕의 무덤인 동시에 오시리스를 위한 신전이었고, 이집트 사회를 통합하기 위한 정치적 수단이었다.

피라미드는 이집트어로 '승천의 공간'이라는 뜻을 갖고 있는데, 왕이 죽어 하늘로 올라가는 곳이자 신이 된 왕이 땅으로 내려오는 곳으로 여겨졌다. 그래서 초기의 피라미드는 계단식으로 지었다. 물론 기술적인 한계 탓도 있었다. 건축 기술이 발전함에 따라 피라미드는 점차 매끈해졌고 완벽한 사면체를 이루게 되었다. 기자^{Giza} 지역의 피라미드군에는 지금도 겨울이면 햇살이 구름 사이로 비치며 피라미드의 기울기와 같은 각도로 내리쬐곤 한다. 그 모습을 바라보던 고대인에게 피라미드는 신이

이집트 기자 지역의 피라미드군. 초기의 피라미드는 계단식으로 지어졌지만
건축 기술이 발달함에 따라 점차 매끈해져 완벽한 사면체를 이뤘다.

된 왕이 머무는 곳으로 생각되었을 것이다.

　　피라미드 건축은 수만 명의 노동력과 10~20년이라는 시간이 드는
대규모 공사였다. 흔히 피라미드는 노예 노동에 의존해 지은 것으로 여
겨지지만 최근 연구에 따르면 노예가 아닌 국민을 동원한 것으로 추정된
다. 당시 이집트인은 나일 강의 수위가 높아지는 시기가 되면 농사를 짓

피라미드 건설 노동자 숙소의 모형. 몸을 숙이고 있는 사람은 빵을 반죽하는 여성으로, 그 옆에 앉아 있는 남자의 아내다. 노동자들이 아내와 함께 머물렀음을 알 수 있다.

기가 어려워 특별히 할 일이 없었다. 조선 시대 농민들이 농한기인 겨울에 쉬던 것과 마찬가지다. 잉여 노동력이 충분한 그 기간에 일꾼을 동원하기는 쉬웠을 것이다. 피라미드 인근에서 건설 노동자들의 집단 거주지가 발굴되기도 했는데, 요즘의 아파트와 다를 바 없는 질서 정연한 주거단지의 형태다. 건설 노동자는 부엌과 거실이 있고 2층에 침실이 있는 주택을 제공받았다. 오늘날 15~18평 정도의 소형 아파트에 해당하는 규모다. 임시 숙소이긴 해도 노동자에게 주택을 하나씩 제공했다는 사실은 그들이 결코 노예가 아니었음을 보여 준다. 노동자들의 숙소보다 훨씬 크고 좋은 숙소도 함께 발견되었는데, 이는 전문 기술자나 현장 관리인의 숙소였을 것으로 추정된다.

메소포타미아의 지구라트

피라미드가 만들어진 배경에 관해 각종 수수께끼와 괴상한 이야기들이 떠돌아다니지만, 피라미드는 메소포타미아의 신전 지구라트^{ziggurat}의 영향을 받아 만들어졌다고 보는 것이 정설이다. 메소포타미아 문명은 이집트 문명보다 시기적으로 앞섰고, 두 문명은 지리적으로 가까워서 교류도 많이 했다.

두 문명은 비슷하면서도 차이가 있다. 앞서 말한 것처럼 이집트는 천혜의 장소에 위치해 있었다. 나일 강이 1000여 킬로미터에 걸쳐 흘렀고 범람원은 10킬로미터에 이르렀다. 사막이 이집트 주변을 울타리처럼 둘러싸고 있었기에 그 누구도 선뜻 이집트를 침략하지 못했다. 이집트는 기원전 332년경 마케도니아의 알렉산드로스^{Alexandros} 대왕, 기원 무렵 로마의 율리우스 카이사르^{Julius Caesar} 장군에게 점령을 당했고, 그 외에도 몇 차례 침략을 당했지만 큰 타격을 입지는 않았다.

이집트는 고대 문명 중 가장 부유했는데, 이는 사후 세계를 보는 관점에도 영향을 미쳤다. 이집트인은 죽은 뒤에도 살아 있을 때의 부귀와 권세를 그대로 누린다고 생각했고, 피라미드 벽화에도 이러한 관점을 고스란히 남겼다. 이집트는 사후 세계를 가장 낙천적으로 묘사한 문명이었다. 메소포타미아 문명과는 달랐다.

이집트 문명과 마찬가지로 일찌감치 농경을 시작한 메소포타미아 문명은 티그리스 강과 유프라테스 강 사이에 위치해 '비옥한 초승달 지대'라 불렸다. 하지만 너무 비옥한 것이 문제였다. 농사가 잘되자 인구가

우르 지역의 지구라트. 적의 침입에 대비하기 위해 사다리꼴 모양으로 지었다.

급격하게 늘어났고 곳곳에서 땅을 차지하기 위해 전쟁을 벌였다. 메소포타미아에는 이집트처럼 천혜의 울타리가 없었기 때문에 외적의 침입이 잦았고, 소소한 전쟁이 끊이지 않았다. 유감스럽게도 이 현상은 현재 진행형이다. 이라크, 이스라엘 등은 지금도 분쟁 지역이다. 이집트 문명은 이집트, 인더스 문명은 인도, 황허 문명은 중국, 이렇게 하나의 나라와 명확하게 연결되는 다른 문명들과 달리 메소포타미아 문명은 수메르, 아시리아, 바빌론 등 몇몇 도시 국가와 복잡하게 연결되는 것도 그 때문이다.

잦은 전쟁은 비관적인 세계관을 낳았고, 사후 세계를 보는 관점에도 영향을 미쳤다. 메소포타미아 문명을 건설한 수메르인과 그 후손들이 쐐기 문자로 기록한 인류 최초의 서사 문학인《길가메시 서사시The Epic of Gilgamesh》에는 저승의 모습이 참혹하게 묘사되어 있다. 심지어 바짝 야윈 영웅과 왕들이 머리를 헝클어뜨린 채 먼지로 만든 빵을 먹는 장면도 나온다.

메소포타미아는 군소 도시 국가로 이루어져 있었기에 왕권은 그다지 강력하지 못했다. 그래서 왕의 무덤 대신 신에게 봉헌하는 신전인 지구라트를 건설했다. 인류 최초의 도시는 메소포타미아 수메르 지방의 우르Ur인데, 기원전 2125년경 이곳에 달의 신 난나Nanna에게 봉헌하는 지구라트가 지어졌다. 당시 이곳에는 나무도, 돌도 없었기에 흙을 단단히 다져서 만든 흙벽돌을 한 단, 한 단 계단식으로 쌓아 올려서 지었다. 지구라트의 영향을 받은 초기 피라미드가 계단식인 것은 이 때문이기도 하다.

흙벽돌로 만든 지구라트는 시간이 지나면서 차츰 허물어져 지금은 거의 남아 있지 않다. 풍요로운 자연환경을 기반으로 한 이집트, 그곳에 돌을 쌓아 만든 피라미드, 전쟁이 자주 일어났던 메소포타미아, 그곳에 흙벽돌을 쌓아 만든 지구라트는 많은 면에서 비교가 된다. 이집트의 피라미드는 지금까지 보존되어 훌륭한 관광 자원이 되고 있지만 지구라트는 보존되지도, 관광 자원이 되지도 못하고 있다.

이집트에서 왕이 곧 신이었다면 메소포타미아에서 왕은 반인반신, 즉 신과 인간의 혼혈로 여겨졌다. 메소포타미아에서 가장 번성했던 고대 도시인 바빌론의 왕은 이집트처럼 남매혼을 하지 않고 명문 귀족 가문에서 왕비를 얻었다. 그러나 왕비가 낳은 아이는 인간의 아이였기에 왕

지구라트 옥상 정원 상상도. 펌프로 사막에서 옥상 정원까지 물을 끌어 올려 식물을 길렀다.

위에 오를 수 없었다. 대신 왕과 여신 사이에서 태어난 아이가 왕이 되었다. 메소포타미아 사람들은 매년 1월 1일부터 15일까지 여신이 인간 세상에 내려와 무녀의 모습으로 머문다고 생각했다. 왕은 그 기간에 신전의 무녀들과 함께 생활하며 성혼례聖婚禮를 했고, 이를 통해 태어난 아이가 왕이 되었다. 이때 무녀들이 머무는 신전이 지구라트였다. 그리고 그 위에 바빌론의 공중 정원으로 알려진 옥상 정원이 있었다. 흔히 '바빌론의 공중 정원'이라고 하면 허공에 떠 있는 정원의 이미지를 떠올리지만, 정확히 말하면 지붕 위에 만든 옥상 정원이다. 낮은 기술력으로 그렇게 큰 건물을 짓고, 그 위에 옥상을 만들고, 펌프를 설치해 사막에서 지구라트까지 물을 끌어다가 나무를 심고 꽃을 길렀다는 것은 그만큼 놀라운 일이었다.

옥상 정원에는 무녀들뿐 아니라 왕도 머물렀기에 안전 문제도 중요했다. 그래서 지구라트를 사다리꼴 모양으로 지었다. 전쟁이 잦은 사회에서는 중요한 건물들을 요새처럼 지었다. 그러려면 산이나 호수, 강과 같은 지형에 둘러싸여 있어야 하는데 메소포타미아는 사방이 평탄했기에 건물 자체를 사다리꼴 모양으로 만들어 요새화했다. 지구라트 아래층에서 대비만 철저히 하면 옥상 정원은 안전했다. 사막이 있어 이민족의 침입이 적었던 이집트에서 조형적 특성만 고려해 끝이 뾰족한 피라미드를 지은 것과는 사뭇 다르다.

가장 널리 알려진 지구라트는 바벨탑Tower of Babel이다. '바빌론의 탑'이라는 뜻으로, 에테메난키Etemenanki, '하늘과 땅의 기초의 집'이라는 뜻 신전을 가리킨다.

후대의 많은 화가가 상상력을 발휘해 바벨탑을 그렸다. 이 그림에서 바벨탑은 사다리꼴이 아닌 둥근 원뿔형으로 그려져 있다. 피터르 브뤼헐, 〈바벨탑〉, 1563~1565년경, 59.9×74.6cm, 판넬 위에 유채, 보이만스 반 뵈닝겐 미술관.

성경에는 인간들이 교만한 나머지 하늘에 닿으려고 지나치게 높게 쌓아 올렸다가 신의 노여움을 사서 무너진 탑이라고 되어 있다. 그리고 신은 그 벌로 인간의 언어를 모두 다르게 만들어 의사소통을 못 하게 하고 싸우게 만들었다고 한다. 이는 여러 민족이 끊임없이 전쟁을 벌이던 당시 메소포타미아의 상황을 나타낸 것으로 추정된다. 실제로는 바벨탑이 지진이나 구조적 결함으로 인해 붕괴되었을 것으로 본다.

오늘날 피라미드와 지구라트는 신비로운 건축물이라는 점만 부각되는 경향이 있다. 고대 유적이라고 하기에는 건축 기술이 너무 뛰어나기 때문이다. 오랜 시간 사람들 입에 오르내리면서 과장된 면도 없지 않다. 어쨌든 이러한 건물의 일차적 용도는 왕의 무덤이나 신전이었고, 궁극적인 목표는 사회를 통합하는 것이었다.

고대인들은 3000~4000년을 견딜 만한 건축 기술이 있는데도 살아 있는 사람을 위한 건물, 이를테면 왕궁이나 주택을 짓는 데는 그러한 기술을 사용하지 않았다. 당시 사람들에게 이승의 삶은 유한한 것이었고, 완전하고 영원한 것은 사후 세계였다. 이처럼 영원한 삶에 대한 염원을 담은 무덤이 동양에도 있다. 바로 중국의 진시황릉이다.

중국의 진시황릉

진시황秦始皇은 최초로 중국을 통일하고 나라 이름을 '진秦'이라 지은 왕이다. 황허 강 주변에 있던 수많은 군소 국가도 메소포타미아처럼 오랜

기간 치열한 전쟁을 벌였는데, 기원전 221년 진시황에 의해 통일된다. 그는 스스로에게 '진나라 최초의 황제'라는 이름을 붙이고, 북쪽 오랑캐의 침입을 막기 위해 만리장성을 쌓는다.

불로장생을 꿈꾼 그는 평생 그 소망을 실천하려 했다. 숨이 끊어져도 영원히 살 것이라 생각해 자신의 무덤을 직접 감독하며 정성스레 만들었고, 태산의 정상에서 받은 새벽이슬을 신의 음식, 곧 '신찬神饌'이라 부르며 마시기도 했다.

1974년 진시황릉이 처음 발굴됐을 때 전 세계가 깜짝 놀랐다. 무덤

진시황릉에서 발굴한 실물 크기의 병마 토용.

속에 중국의 지형지물을 그대로 축소해 만들어 놓았을 뿐만 아니라 죽어서도 권세를 누리기 위해 말과 병사를 실물 크기의 토용으로 만들어 무덤 속에 넣어 놓은 것이다. 돌을 쌓아 만든 무덤의 안쪽은 도시 하나를 그대로 옮겨 놓은 것처럼 정교했다. 도굴을 막기 위해 만든 함정과 막다른 길이 곳곳에 있었고, 미세한 움직임이 감지되면 화살이 자동으로 발사되는 장치까지 설치되어 있었다. 묘가 안치된 중앙 석실의 천장에는 진주로 만든 별자리가 있었고, 바닥에는 축소시킨 중국 지형이 있었다. 강에는 물 대신 수은이 흐르게 돼 있었다.

진시황릉에는 몇몇 첩들이 순장되어 묻혔다. 무덤의 비밀을 영원히 감추기 위해 무덤을 만든 장인과 기술자까지 모두 죽여서 묻어 버렸다. 황제를 하늘의 아들, 곧 '천자天子'라고 부르던 사회에서는 당연한 일이었다.

그리스의 신전

고대 문명은 강력한 왕권을 바탕으로 성립되었다. 그런데 국가의 규모가 작아 강력한 권한을 행사할 수 없는 경우에는 다른 방법을 찾기도 했다. 고대 그리스는 도시 국가 형태로 존재했다. 인구는 성인 남자 기준으로 대략 1만 명을 넘지 않았다. 성인 여성과 아이, 노예까지 다 포함해도 5~10만 명 정도 됐을 것으로 추정한다. 이는 오늘날 우리나라의 지방 소도시 인구 규모다.

그리스에는 희고 질 좋은 대리석이 많이 생산되었지만 땅이 척박해 식량이 부족했다. 그래서 도시의 인구가 일정 수준 이상으로 많아지면 인근에 신도시를 만들어 인구를 분산시켰다. 그리스가 시민의 투표로 지도자를 선출하고 아고라agora, 그리스 시민들이 토론을 벌이던 장소에 모여 국가의 문제를 토론하는 등 민주주의를 실현할 수 있었던 것은 인구가 비교적 적었기 때문에 가능한 일이었다.

투표로 선출된 지도자에게 신과 같은 권력은 존재하지 않았다. 그래서 사회를 통합하기 위한 수단으로 각 도시에 수호신을 두었다. 그리고

그리스의 파르테논 신전. 아테나에게 봉헌한 신전이다.

신전을 지었다. 그리스의 신전은 그 도시의 수호신이 머무는 곳이자 사회 전체를 통합하는 역할을 했다.

　그중 가장 유명한 것은 파르테논 신전이다. 그리스는 기원전 480년 페르시아가 일으킨 침략 전쟁에서 승리했다. 이 승리를 기념하며 지혜의 여신이자 전쟁의 여신인 아테나^Athena^에게 봉헌하기 위해 지은 것이 파르테논 신전이다. 당시 지도자는 페리클레스^Perikles^로, 그리스의 최전성기였다. 신전은 거대하고 우아한 지붕과 그것을 떠받치는 수많은 기둥으로 이루어졌는데, 기둥들은 모두 엔타시스^entasis^ 기법으로 만들어졌다. 이는 기둥 가운데를 약간 불룩하게 만드는 것으로, 일명 '배흘림 기법'이라고 한다. 이처럼 기둥을 일직선의 원통형이 아니라 약간 불룩하게 만들어야 기둥을 세웠을 때 일직선으로 보인다. 우리나라에서도 부석사 무량수전을 비롯한 많은 사찰의 기둥을 이 기법으로 만들었다.

신전 안에는 각 도시 수호신의 모습을 본 딴 거대한 조각상과 제단이 있었다. 그리고 불이 항상 있었다. 신전의 무녀들은 이 불이 꺼지지 않도록 지켰다. 고대 그리스에서 불은 집과 가정을 지켜 주는 신령한 것으로 여겨졌다. 그리스 신화의 12주신主神 중에는 불을 지키는 헤스티아Hestia 여신이 있는데, 영어에서 화롯불을 뜻하는 말인 'Hearth'의 어원이 되었다. 그리스는 새로운 도시가 만들어지면 그곳에 신전을 짓고 이전 도시의 신전에서 가져온 불씨로 제단에 불을 지폈다. 그래서 새 도시의 신전으로 들어갈 때 사제와 무녀들은 불씨를 앞세우고 걸었는데, 이 행렬이 자못 멋지고 장대했다.

이러한 풍습은 오늘날에도 남아 있다. 올림픽은 주경기장에 성화를 점화하는 것으로 시작된다. 그리고 이때 성화는 그리스 아테네의 헤라 신전에서 채화하여 가져온다. 그리스에서 개최국까지는 매우 먼 길이지만 무슨 일이 있어도 불씨를 꺼뜨려서는 안 된다. 불씨는 가는 곳마다 시민들의 환호를 받으며 성스럽게 봉송된다. 최종 봉송 주자가 주경기장에 들어오면 경기장 안의 모든 사람이 자리에서 일어나 열광한다. 그리고 마침내 성화대에 점화가 되면 전 세계가 환호한다. 2300여 년 전 고대 그리스에서도 똑같은 일이 벌어졌을 것이다.

'그리스' 하면 가장 먼저 떠오르는 하얀 대리석 신전의 탄생에는 이처럼 다양한 배경이 숨어 있다. 질 좋은 대리석이 나지만 땅은 척박한 자연환경, 새로운 도시를 만들어 인구를 분산시키던 정책, 시민이 투표로 지도자를 선출하기에 강력한 왕권이 등장하지 못하는 상황에서 사회를 통합하기 위해 각 도시의 수호신을 모시던 제도 등이 그것이다.

조선의 종묘

왕이 죽으면 수호신이 되어 영원히 나라를 지켜 준다고 믿었던 건 비단 고대 국가들뿐만이 아니었다.

조선의 한양은 좌묘우사左廟右社, 즉 왼쪽에 종묘宗廟를 두고 오른쪽에 사직단社稷壇을 둔다는 원칙을 바탕으로 계획된 도시다. 이때 좌우는 한양의 정중앙에 있는 경복궁을 기준으로 했는데, 경복궁이 정남향이기에 왕의 왼쪽은 동쪽, 오른쪽은 서쪽이 됐다. 결국 좌묘우사는 동쪽에 종묘를 두고 서쪽에 사직단을 둔다는 의미다.

종묘는 조선 시대 역대 왕들의 신주죽은 사람의 위패를 모신 사당이다. 당시에는 왕이 죽으면 그 나라의 호국신이 된다고 믿었기 때문에 종묘는 왕의 신주를 모신 사당인 동시에 조선의 수호신전 역할을 했다. 왕실을 기준으로 보면 효를 위한 곳이었고, 국가 전체로 보면 충을 실천하는 장소였다.

사직단은 토지의 신인 '사'와 곡식의 신인 '직'에게 제사를 지내던 제단을 말한다. 제사장이 사직의 제사를 지내던 청동기 시대의 풍습이 조선 시대까지 내려온 것이다. 조선은 유교 사회였지만 사직을 위해 제사 지내는 전통은 부정하기 어려웠다. 그래서 유교적 이념인 충효를 실천하는 장소로 종묘를 두고, 전통적인 신앙을 계승하는 공간으로 사직단을

조선 시대 왕들의 신주를 모신 종묘의 영녕전.

두었다.

　이처럼 궁궐 양옆에 자리한 종묘와 사직단은 충효를 실천하는 곳이자 사회를 통합하는 곳이었다. 나라에 일이 생기면 사직단에 가서 고했고, 세자의 행실이 올바르지 못하면 종묘에 가서 석고대죄를 올리라고 명했다. 사극에 자주 등장하는 말 중에 하나인 "이 나라의 종묘와 사직을 어찌할 것인가."는 바로 이러한 맥락에서 나온 말이다. 현재 종묘는 종로3가역 근처 훈정동에, 사직단은 사직동 사직 공원에 있다.

　누구에게나 유한하게 주어진 삶, 그러나 그 유한성을 뛰어넘으려 한 인간은 산 사람을 위한 집보다 죽은 자를 위한 집을 더 크게 지었다. 그리고 그 집은 사회를 통합하는 역할을 했다. 이러한 전통은 오늘날에도 완전히 사라지지 않고 남아 있다. 서울과 대전에 있는 국립현충원은 전쟁터에서 죽은 전사자와 국가 유공자의 무덤일 뿐만 아니라 국가의 성역이며, 정치적인 공간이다. 그래서 대통령들도 취임식을 한 뒤 제일 먼저 현충원을 찾고, 출사표를 던진 정치인들 역시 측근을 데리고 가장 먼저 이곳을 방문한다. 고대 사회의 전통은 오늘날 우리 삶에 스며 있다.

클레오파트라의 정체

이집트의 역사적인 인물 중 가장 널리 알려져 있는 사람은
클레오파트라^{Cleopatra}일 것이다. 정확한 이름은 클레오파트라 7세로,
이집트의 마지막 여왕이다. 지금까지 그림의 주제로도 많이
그려졌고, 20세기에는 영화로도 만들어졌다. 신비로운 매력을 가진
클레오파트라는 대개 검은 머리카락에 동양적인 매력을 가진 여성으로
그려진다. 그러나 클레오파트라는 이집트인이 아닌 마케도니아인이었고,
금발의 백인이었을 것이다.

　　이집트는 기원전 332년경 마케도니아 알렉산드로스 대왕의
침공을 받는다. 알렉산드로스 대왕은 당시 지중해 연안 대부분의
국가를 정벌하고 제국을 건설했는데, 가는 곳마다 자신의 이름을
딴 도시 알렉산드리아^{Alexandria}를 세웠다. 이집트에도 새로운 수도로
알렉산드리아를 세웠는데, 마케도니아 장군인 프톨레마이오스
1세^{Ptolemaeos I}가 왕이 되었다. 지중해 연안 국가는 물론 인도에 이르기까지
방대한 헬레니즘 제국을 건설한 알렉산드로스 대왕이 젊은 나이에
세상을 떠나자 그를 따르던 부하 장군들이 거대한 제국을 이리저리
나누어 차지한 것이다. 이것이 프톨레마이오스 왕조의 시작이었다.

　　왕이 곧 신이던 이집트의 전통에 따라 프톨레마이오스 왕조도
철저한 남매혼을 유지하며 300여 년의 왕조를 이어 갔다. 그리고 마지막
여왕인 클레오파트라 7세 역시 남동생인 프톨레마이오스 13세와

남매혼을 했고, 아버지인 프톨레마이오스 12세가 죽은 뒤 동생과 함께 왕위에 올라 여왕이 되었다. 따라서 그녀는 이집트인의 피가 한 방울도 섞이지 않은 마케도니아 혈통이었을 것이다. 당시 이집트 동전에 조각된 여왕의 모습으로 추정되는 두상을 봐도 이집트인보다는 유럽인에 훨씬 가깝다. 검은 머리를 한 동양적인 모습은 만들어진 이미지에 불과한 것이다.

제국을 위한 건축:
로마 시대

'로마' 하면 제일 먼저 콜로세움을 떠올리는 사람이 많을 것이다. 로마인은 영화 〈벤허Ben Hur〉에 나오는 것처럼 원형 경기장에서 전차 경주를 즐겨 했고, 인간과 짐승의 싸움도 벌였다. 때로는 경기장 안에 물을 채우고 배를 띄워 해전을 벌이기도 했다. 요즘에도 실내 수영장은 있지만 배를 띄워 해전을 벌이기는 어려운데, 당시에 그 정도 기술력을 가지고 있었다는 건 놀라운 일이다. 흥겨운 관람이 끝나면 시민들은 목욕장으로 달려가 땀을 씻으며 하루의 피로를 풀었다. 그리고 이 모든 것은 거의 무료로 제공되었다. 로마의 황제는 이러한 방식으로 시민에게 시혜를 베풀었고, 그 비용은 광대한 속주屬州. 로마 총독이 다스리는 종속 지역에서 올라오는 세금으로 충당했다.

로마는 거대한 제국을 이루었지만 정치 체제는 공화정이었다. 즉 황제는 신이 아니었고, 그렇기 때문에 황제를 위한 건축은 존재하지 않았다. 딱 한 사람, 자신을 위한 건물을 지은 황제가 있었는데, 결국 그는 그로 인해 많은 대가를 치러야 했다.

방대한 속주를 가진 나라

에트루리아 지방의 작은 도시 국가를 바탕으로 성장한 로마는 주변 땅을 속주로 만들면서 세력을 키워 나갔다. 로마의 전성기인 기원 무렵에는 남부 유럽 땅의 대부분을 차지할 정도였다. 오늘날 독일, 프랑스, 영국, 이탈리아를 비롯한 유럽의 나라들이 공통적으로 알파벳을 사용하고 비슷한 문화와 풍습을 가지고 있는 것은 과거 로마의 지배령이었기 때문이다. 이 나라들은 지금도 유럽 공동체를 형성할 만큼 문화적으로 긴밀하다.

로마의 속주는 일명 '로마 병사'라 불리던 군인들이 관리했다. 그런데 속주의 규모가 유럽 전체를 아우를 정도로 방대했기에 관리하는 데 많은 인력이 필요했다. 이 때문에 성인 남자는 군 복무를 10년 정도 해야 했다. 10대 후반에 입대해 서른 살 무렵에야 제대를 하니 20대를 군대에서 보내는 것이나 마찬가지였다. 하지만 그렇게 10년을 성실히 복무해 무사히 제대하면 베테랑Veteran, 즉 명예로운 퇴역 군인이 되었다. 지금은 '전문가'라는 뜻으로 자주 쓰이는 '베테랑'은 원래 로마의 퇴역 군인을 뜻하는 말이었다.

퇴역 군인들은 국가로부터 땅을 받았고, 든든한 자본을 가지고 남은 인생을 살아갈 수 있었다. 로마 시민들이 특별한 직업 없이도 생활할 수 있었던 것은 20대를 군대에서 보내고 국가로부터 땅을 받았기에 가능한 일이었다.

군 복무를 10년이나 한다는 것이 머리에 쉽게 그려지지 않을 것이다. 요즘 군대는 전투병 양성을 목적으로 하기 때문에 훈련 강도가 높지만, 당시 로마 군대는 전투보다는 속주 관리를 주로 맡았기 때문에 육체적인 훈련 강도는 높지 않았다. 이들은 세금 징수, 측량, 도로 공사, 각종 시설 공사 등을 맡았다. 특정 분야에서 오래 일했기에 그야말로 베테랑, 즉 전문가가 될 수 있었을 것이다.

그중에서도 측량과 도로 공사는 특히 중요했다. 속주를 개척하면서 가장 먼저 한 일은 그 지역을 정확하게 측량하는 일이었다. 그리고 세금과 공물을 징수하고 반란이 일어났을 때 재빨리 달려가 진압하려면 도로가 반드시 필요했다. 그리하여 속주 곳곳에는 로마 병사들이 건설한 도로망이 촘촘하게 퍼져 나갔다. '모든 길은 로마로 통한다.'라는 말은 요즘도 종종 쓰이는데, 실제로 속주의 모든 길은 궁극적으로 로마로 통했다.

수도교와 히포카우스툼

기원전 146년 물이 부족한 그리스를 속주로 만든 이후로 로마는 물 관리에 신경을 쓰기 시작한다. 속주를 개척하면 일단 분수를 설치했고, 이를 통해 식수를 제공하며 제국의 힘을 드러냈다. 이 분수는 세금 징수의 빌미가 되기도 했다.

로마 시민에게 식수를 제공하는 시설이던 분수는 점점 권력을 과시하는 수단이 된다. 오늘날에도 로마 시내를 비롯하여 유럽 문화권 전역에 분수가 남아 있다. 대표적인 것이 로마의 트레비 분수Fontana di Trevi와 프랑스 베르사유 궁전Chateau de Versailles 뒷마당에 있는 분수다. 트레비는 로마에 현존하는 분수 중 가장 큰 분수로, 18세기에 로마 교황 클레멘스 13세Clemens XIII가 바로크 양식baroque. 16세기 말부터 18세기 중엽까지 유럽에 유행한 예술 양식으로 지은 것이다. 뒤돌아서서 동전을 던지면 로마에 다시 오게 된다는 이야기 때문에 수많은 관광객이 동전을 던지는 분수로 유명하다. 이 분수는 전쟁을 마치고 돌아온 로마 병사들에게 물을 제공한 여인의 설화가 담긴 '처

폴리 대공의 궁전 앞에 있는 트레비 분수. 로마뿐만 아니라 유럽 전역에 로마 제국이 설치한 분수가 남아 있다.

녀의 샘$^{Acqua\ Vergine}$'을 부활시키기 위해 만든 것이다. 즉 그 기원은 고대 로마인 것이다. 루이 16세의 재력으로 지은 베르사유 궁전의 분수도 유명하다. 18세기 절대왕정 시기에 만들어진 이 분수들은 교황권과 왕권을 과시하는 수단이었다.

우리나라 최초의 분수는 일제 강점기에 세워진 서울시청 앞 분수와 한국은행 앞 분수다. 서울시청은 일제가 시 업무를 하기 위해 지은 건물이고, 한국은행 역시 일제가 세운 조선은행이 전신이다. 정치 중심지라 할 수 있는 시청과 경제 중심지라 할 수 있는 한국은행 앞에 분수를 세운 것이다. 식민 통치란 그 나라의 정치와 경제를 지배하는 것이므로 시청 앞과 한국은행 앞에 분수를 세운 것은 결코 우연이 아니었다.

시청 앞 분수는 2004년 철거되었고 그 자리는 서울광장으로 거듭났다. 한국은행 앞 분수는 지금도 그 자리에 남아 있다. 광복 이후에도 관공서 건물에 더러 분수를 세우곤 했는데 요즘은 이런 추세가 점차 사라지고 있다.

분수를 만들려면 땅 밑에 지하수가 있어야 하고, 지하수가 없으면 수원에서부터 물을 끌어 와야 한다. 로마는 지하수를 끌어 와 속주 곳곳에 공급하기 위해 최초로 수도교水道橋, water bridge를 건설했다. 수도교는 수로를 설치한 다리로, 오늘날의 상수도에 해당하는 시설이다. 물은 아주 조금이라도 기울기가 있어야 흐르며 조금이라도 틀어지면 흐르지 않고 고인다. 그래서 로마인은 수도교에 1000분의 1 정도의 미묘한 경사로를 만들어 물을 흐르게 했다. 도로도 아닌 다리를 길게 건설하는 것도 어려운 일이지만, 일정한 기울기를 계속 유지하는 것은 더욱 어려운 일이다.

수도교는 로마의 속주 곳곳을 연결한 도로망에도 포함되어 있었다. 오늘날의 상수도 배관처럼 수도관만 있는 것이 아니라 아래로는 사람과 마차가 다니고 위에 설치한 수도관으로는 물이 흐르도록 되어 있었다. 오늘날까지 남아 있는 수도교들도 있는데 그중 하나가 프랑스 남부 님 지역에 있는 퐁 뒤 가르Pont du Gard다. 이 수도교는 3층으로 되어 있는데, 1층에는 도로를 만들어 마차가 다닐 수 있게 했고, 3층에는 수도관을 설치해 가르 강의 물을 님 지역으로 운반했다.

로마의 수도교는 대략 80킬로미터까지 연결되어 있어서 속주 곳곳에 물을 공급할 수 있었다. 자동차를 타고 시속 80킬로미터로 한 시간가

프랑스의 퐁 뒤 가르. 로마의 수도교는 속주 곳곳으로 물을 보급하는 상수도 역할을 했다.
중세에는 '악마의 다리'라고 불렸다.

량 달려야 하는 이 거리는, 서울을 시작점으로 볼 때 경기도 전역에 닿는
거리다. 한강 물을 경기도 전체에 공급할 수 있는 정도의 수로였던 셈이
다. 20세기에나 가능할 법한 일을 로마는 2000년 전에 실행했으니 토목
기술이 얼마나 뛰어났는지 짐작할 수 있다. 하지만 이 기술은 로마가 망
하면서 사장되고 만다. 중세 사람들은 수도교의 기능을 몰랐다. 게다가
인간의 기술로는 이런 시설을 만들 수 없다고 생각해 '악마의 다리'라고
부르며 방치했다.

 '물의 나라'라고 할 만큼 물 다루는 데 능했던 로마에서 만들어진
또 하나의 놀라운 시설이 있다. 바로 대규모 목욕장이다. 로마의 목욕장

영국 베스 시에 남아 있는 로마 목욕장 유적. 1897년 복원되었다.

은 대중목욕탕이나 사우나 정도가 아니었다. 온탕과 냉탕은 물론 수영장과 게임실, 체육실을 갖추고 있을 뿐만 아니라 공연과 토론을 즐길 공간도 있는 종합 시설이었다. 여성 혹은 가족 단위로 이용하는 소규모 욕실과 마사지실도 마련되어 있었다. 이 정도면 오늘날의 찜질방과 같은 복합 시설이라고 볼 수 있다. 더 놀라운 것은 4세기 무렵의 로마에 무려 11개의 황제 온천황제가 시민에게 제공한 온천과 800여 개의 목욕장이 있었다는 사실이다. 분수도 시내에만 1300여 개가 있었다. 그리고 이 모든 시설은 거의 무료로 제공되었다. 제국의 황제가 베푸는 시혜였던 것이다.

800여 개의 목욕장을 운영하려면 많은 물뿐만 아니라 그 물을 데우기 위한 설비도 필요했을 텐데, 과연 이 문제는 어떻게 해결했을까? 오늘날의 대중목욕탕과 사우나는 지하에 보일러를 설치해 물을 데우고, 바닥의 관을 통해 곳곳으로 그 물을 흐르게 하면서 실내를 따뜻하게 한다. 그런데 2000년 전 로마인도 이 방법을 사용했다. 지하실에서 불을 때서 물을 데운 뒤 테라코타terra cotta, 도기로 만든 관을 통해 집 안 구석구석으로 흐르게 한 것이다. 이 장치를 히포카우스툼Hypocaustum이라 불렀다. 이 난방 장치는 목욕장뿐 아니라 부유한 집에서도 사용되었다. 오늘날 가정에서 사용하는 보일러 난방 시설을 로마인은 2000년 전에 이미 만든 것이다.

서커스를 위한 건축

흔히 로마의 정치를 가리켜 '빵과 서커스의 정치'라고 한다. 여기서 '빵'

은 생활에 꼭 필요한 식량과 생필품을 뜻하고, '서커스'는 관심사를 정치가 아닌 다른 데로 돌리는 오락거리를 뜻한다. 일상생활에 큰 어려움이 없고 무언가 신나는 놀 거리가 있으면 대중은 정치에 무관심하게 된다고 보고 일종의 우민화 정책을 펼친 것이다. 그리하여 서커스를 위한 건축이 등장한다. 영화 〈벤허〉에서 가장 인상적인 장면에 등장하는 건축, 바로 전차 경주가 벌어지는 원형 경기장이 그것이다.

주인공 벤허는 군대를 만기 제대한 퇴역 군인이다. 이제 국가로부터 땅을 받아 명예로운 로마 시민으로 살아가면 됐다. 그런데 로마의 신임 총독이 새로 부임하던 날, 뜻하지 않은 시련이 닥친다. 요즘 같으면 취임식을 텔레비전으로 생중계하겠지만 텔레비전이 없던 당시에는 총독이 말을 타고 병사들을 이끌며 성대한 시가행진을 벌였다. 이는 대단한 구경거

로마의 콜로세움. 대중을 정치에 무관심하게 만들기 위해 지은 건축이다. 이러한 원형 경기장은 로마의 지배를 받던 대부분의 도시에 지어졌다.

리여서 로마 시민들이 모두 나와 구경했다. 벤허의 여동생도 건물 옥상에 올라가 시가행진을 구경했다. 그런데 그만 손을 잘못 짚어 실수로 기왓장을 떨어뜨렸고, 하필 총독의 머리에 맞는다. 이로 인해 행진은 엉망이 되어 버린다. 화가 난 총독은 벤허의 여동생과 어머니를 감옥에 가두고 벤허는 노예로 만들어 버린다. 하루아침에 노예가 되어 버린 것이다. 그 뒤 벤허는 우여곡절 끝에 콜로세움에서 전차 경주를 벌이고, 경주에서 승리해 다시 가족과 만나게 된다.

원형 경기장은 로마에만 있던 것이 아니다. 로마의 지배를 받던 대부분의 도시에 지어졌다. '빵과 서커스'라는 통치 방식이 속주 곳곳으로 전달되었기 때문이다. 로마의 속주는 유럽 전역은 물론 북부 아프리카에까지 걸쳐 있었다. 튀니지에는 3세기 무렵 로마가 세운 원형 경기장이 지금도 남아 있다. 로마의 콜로세움보다 작고 외부 장식도 단순한 편이지만, 원형이 크게 훼손되지 않고 남아 있다. 유럽의 동쪽 끝인 터키의 이스탄불에도 원형 경기장이 있었지만 지금은 없어지고 터만 남아 있다.

시민을 위한 건축

로마는 그리스를 정신적 요람으로 여겼기 때문에 그리스 문화의 대부분을 로마식으로 변형해 사용했다. 다만 그리스의 문화가 신에 대한 찬양을 기본으로 했다면 로마는 그것을 인간 중심으로 바꾸었다. 그 대표적인 예가 판테온이다. 그리스의 상징이 파르테논 신전이라면, 로마의 상징은 판테온이라 할 수 있는데, 파르테논이 오직 아테나 여신에게만 봉헌된 신전이라면 판테온은 '만신전萬神殿'으로 번역되듯이 여러 신을 위한 건축이었다.

판테온은 기원전 27년 로마 장군 마르쿠스 비프사니우스 아그리파 Marcus Vipsanius Agrippa가 로마의 모든 신에게 바치기 위해 세운 신전이다. 대화재 때 사라진 것을 125년 무렵 하드리아누스Hadrianus 황제가 직접 설계하여 다시 만들었다고 전해진다. 이때는 로마의 전성기였고, 어느 나라나 그러하듯 여러 지방을 정벌한 제국으로서 거대한 포용력을 발휘해야 했다. 그래야 통치 기반이 굳건해지기 때문이다. 당시 그리스를 비롯한 유럽에는 각 지방의 토속 신앙이 있었는데, 이를 모두 인정하기 위해 일곱 행성을 주관하는 모든 신에게 신전을 바쳤다. 일곱 행성은 해태양신 아폴로, 달달의 여신이자 사냥의 신 디아나, 화성전쟁의 신 마르스, 수성상업과 교역의 신 머큐리, 목성하늘의 신 주피터, 금성사랑과 미의 여신 비너스, 토성농업의 신 새턴을 뜻한다. 이것은 오늘날 '월, 화, 수, 목, 금, 토, 일'의 기원이 되었다.

판테온은 콘크리트로 지어졌다. 콘크리트는 2000년의 세월을 뛰어넘어 오늘날에도 가장 널리 사용되는 건축 재료로, 로마 시대에 발명되었다. 콘크리트가 나오기 전에는 주로 돌을 사용했다. 스톤헨지Stonehenge, 피라미드, 파르테논 신전 모두 돌을 깎아서 만든 건축이다. 그러나 돌은 가공하기도 어렵고 만들 수 있는 형태도 한정적이다. 반면에 물, 석회, 모래, 자갈 등을 섞어 반죽한 다음 거푸집에 붓고 굳히면 되는 콘크리트는 거푸집에 따라 모양을 얼마든지 자유자재로 만들 수 있다. 오늘날에는 대량 생산을 위해 주로 네모난 형태로 짓지만, 본래 콘크리트는 액체 상

로마의 판테온. 돔 가운데에 뚫린 구멍은 행성의 중심인 태양을 상징한다.

태이기 때문에 어떤 형태든 자유롭게 만들 수 있다. 그래서 동그란 돔 형태의 판테온도 지을 수 있었다.

돔 아래에는 거대한 생활공간이 만들어졌다. 우아한 대리석 기둥들로 가득 차 있던 그리스 신전에 비해 매우 발전한 것이다. 판테온은 다양하게 사용되었다. 처음에는 신전이었지만 7세기 무렵부터 예배당으로 사용되었고, 오늘날에는 성당으로 사용되고 있다. 어떤 건물이 2000여 년 동안 보존되었다는 것도 대단한 일이지만 문화재로 박제된 채 존재하는 것이 아니라 여전히 사용되고 있다는 것은 더욱 대단한 일이다. 로마 건축의 특징은 여기에 있다. 로마는 모든 면에서 그리스를 차용하고 모방했지만 그것을 실용적으로 발전시켰다. 신을 찬양하는 종교 의례인 그리스의 연극은 로마에 와서 대중의 흥미에 맞는 연극이 되었고, 그리스 민주주의의 요람이라 할 수 있는 광장 아고라는 로마에 와서 포럼Forum, 공공 집회 광장이 되었다. 로마 시민들은 그곳에서 정치에 참여했다. 포럼 주변에 바실리카Basilica와 상점이 늘어서 있어 정치와 경제의 중심을 이루었다.

바실리카는 둥근 원통을 세로로 잘라 엎은 것처럼 생긴 건물로, 콜로세움, 판테온, 개선문 등에 비해 상대적으로 덜 알려져 있다. 형태가 단순하기 때문이다. 그러나 기둥 없이 넓은 내부 공간을 만들었다는 점에서 구조적으로 매우 뛰어난 건축물이다.

'그리스 신전' 하면 웅장한 지붕과 그것을 떠받치는 무수한 기둥이 떠오를 것이다. 지붕과 기둥이라는 두 가지 요소는 고대 건축의 일반적인 형태다. 가장 원시적인 건축은 고인돌로, 거대한 판석과 그것을 지지하는 지석으로 이루어진 매우 단순한 구조다. 석재로 지어졌고, 족장의 무덤이

영국 월트셔 주 솔즈베리 평원에 있는 스톤헨지.

자 부족 사회를 통합하는 역할을 했다.

고인돌에서 좀 더 섬세하게 발전한 형태가 스톤헨지다. 지금은 많이 허물어져 원래 모습을 알 수 없지만, 남아 있는 유적으로 추정컨대 돌기둥들을 둥글게 세우고 그 위에 판석을 덮은 형태였을 것이다. 정확한 용도는 알 수 없지만 켈트족Celts. 한때 유럽을 지배한 유목 민족의 종교 건축물이었을 것으로 추정된다. 이것이 더욱 발달하면 그리스의 신전이 된다. 고인돌의 판석은 그리스 신전의 지붕이 되고, 판석을 지지하는 지석은 신전의 우아한 기둥이 된다.

그리스 여행에서 파르테논 신전 관람은 빠지지 않는 코스인데, 관광객들은 대개 그 앞에서 기념 촬영을 할 뿐 안에는 들어가지 않는다. 문화재를 보존하기 위해서기도 하지만, 사실 그리스 신전에는 이렇다 할 내부 공간이 없다. 웅장한 지붕을 받치는 기둥들이 촘촘히 세워져 있기 때문이다. 고인돌, 스톤헨지, 그리스 신전은 인간이 아닌 신을 위한 건축이었기에 실내 공간은 중요시되지 않았다. 보기에 웅장하면 그것으로 충분했다.

반면에 로마의 바실리카는 사람들이 사용하는 생활공간이었다. 바실리카는 집회소, 재판소 등 많은 사람을 수용하는 건물로 쓰였는데, 기둥 없이 널찍한 내부 공간을 확보하기 위해 이전과는 전혀 다른 방식을 사용했다. 볼트vault, 즉 궁륭穹窿이다.

볼트 구조를 이해하는 간단한 실험이 있다. 겉표지가 딱딱한 책 한 권을 나무젓가락과 둥근 페트병으로 각각 받쳐서 공중에 띄워 보자. 나무젓가락으로 책을 떠받치려면 여러 개를 매우 촘촘하게 세워야 한다. 그런데 둥근 페트병을 세로로 잘라 눕히면 기둥 없이도 책을 받칠 수 있다. 게다가 페트병 안쪽에 넓은 공간이 생긴다. 나무젓가락 방식이 그리스 신전이라면 둥근 페트병 방식은 로마 바실리카라고 할 수 있다.

볼트는 구조적으로 매우 안정적이기 때문에 기둥 없이도 넓은 공간을 만들 수 있다. 쉬운 예로 비닐하우스를 들 수 있다. 비닐하우스는 금속제 파이프와 비닐이라는 간단한 재료로 만든 볼트다. 비행기 격납고와 같은 대형 실내 공간도 구조적으로는 비닐하우스와 같다.

콘크리트로 만든 바실리카는 모양새가 밋밋해서 주목을 받지 못했지만, 건축적으로는 매우 의미가 크다. 기능적이고 실용적인 목적이 큰 바실리카의 내부는 직사각형의 커다란 홀로 이루어져 이렇다 할 특색이 없지만, 바로 그 점 때문에 다양한 용도로 사용될 수 있었다. 건축은 생활을 담는 그릇으로, 생활을 담으려면 그릇을 되도록 단순하고 깨끗하게 비우는 것이 중요하다. 바실리카는 바로 이 원칙에 충실한 건축이라고 할 수 있다.

로마는 오랫동안 기독교를 배척했다. 그래서 기독교인들은 지하에 숨어 몰래 예배를 봐야 했다. 하지만 313년 로마 황제 콘스탄티누스 1세 Constantinus I가 기독교를 공인하면서 숨어 있던 기독교인들이 지상으로 나온다. 당시에는 이렇다 할 성당이나 예배당이 없었기 때문에 지상으로 나온 기독교인들은 집회소인 바실리카에서 예배를 보았다. 직사각형으로 길쭉하게 생긴 바실리카는 초기 성당의 원형이 되었으며, 이후 중세의 성당으로 발전한다.

현재 바실리카는 거의 남아 있지 않다. 남아 있는 것 가운데 그나마 바실리카의 원형에 가까운 것이 이스탄불의 성 소피아 성당Hagia Sophia이다. 537년 무렵 세워진 성 소피아 성당은 로마 제국의 마지막 건축물로, 본래 기독교의 예배당으로 지어졌다. 하지만 로마 제국이 이슬람에 함락당하면서 이슬람의 성원聖院. 모스크으로 용도가 바뀐다.

일반적으로 나라를 정복하면 문화재와 건축물을 불태우거나 파괴하는데, 이슬람은 동로마 제국의 성당을 파괴하지 않고 이슬람의 성원으

터키 이스탄불의 성 소피아 성당. 현존하는 건물 중 바실리카의 원형에 가장 가깝다.
고대 바실리카 건축에서 중세 성당 건축으로 변해 가던 과도기의 건물이라고 할 수 있다.

로 사용했다. 이를 두고 많은 사람이 신기해했다. 기독교도가 불교의 사찰을 파괴하지 않고 교회로 사용하는 것처럼 낯선 일이기 때문이다. 이를 이슬람 문화의 포용성으로 해석하기도 하지만, 건축적으로는 바실리카의 범용성으로 해석할 수 있다.

로마 제국 후반기에 지어진 성 소피아 성당은 고대 바실리카 건축에서 중세 성당 건축으로 변해 가던 과도기의 건물이라 할 수 있는데, 바로 그렇기 때문에 기독교적 색채가 진하지 않다. 그리고 많은 사람을 수용할 수 있다는 특징이 있다. 이슬람교도가 기독교 성당을 파괴하지 않고 이슬람 성원으로 사용한 데는 많은 사람이 모여 예배를 볼 수 있다는 건축적 특성이 한몫했을 것이다. 이후 바실리카 건축 양식은 다양하게 변형되며 이어져 오고 있다.

네로의 황금 궁전

로마는 '서커스'뿐만 아니라 '빵'도 제공했다. 빈민은 매일 빵 하나를 무료로 받았다. 요즘으로 말하면 무료 식권과 비슷하다. 이후 마르쿠스 아우렐리우스Marcus Aurelius Antoninus 황제는 무료 식권의 세대 상속도 인정했다. 대규모 목욕장 제공, 원형 경기장 무료 관람, 시내 곳곳에 마련한 분수, 무료 식권 제공 등으로 로마에는 점차 자발적 실업자와 빈민들이 늘어났고, 일자리를 찾거나 무료 식권을 받으려는 사람들이 로마로 몰리면서 주택 부족 현상도 나타났다.

로마의 부자들은 도무스Domus라는 단독 주택을 짓고 살았다. 두 개의 안마당이 있는, 상당히 규모가 큰 집이었다. 그런데 로마에 사람들이 몰리면서 점차 세를 주는 사람이 많아졌다. 우리나라 서울에도 1970~80년대에는 마당 딸린 단독 주택과 2층집이 많았는데, 서울에 인구가 몰려 주택이 부족해지자 2층 전체를 전세로 주거나 문간방을 월세 주는 집이 늘었다. 로마도 마찬가지였다. 시간이 지나면서 인구가 늘자 단독 주택을 다세대 주택으로 바꾸는 경우가 많아졌고, 나중에는 아예 세를 많이 받으려는 목적으로 지은 집들도 생겨났다. 그것이 바로 최초의 아파트, 인술라insula다.

인술라는 1층에 상점이 있고 2층부터 셋집이 있어서 요즘의 상가 주택과 비슷했다. 당시 로마는 얼기설기 지은 인술라로 인해 슬럼화가 심했다. 영화 〈벤허〉에서 신임 총독의 시가행진을 구경하기 위해 벤허의 여동생이 올라간 곳도 인술라의 옥상이었다. 인술라 중에는 손을 잘못 짚으면 기왓장이 떨어질 정도로 허술하게 지은 건물이 많았다.

인술라가 많아지자 로마의 부자들은 도심을 피해 인근의 휴양 도시나 전원으로 이사를 갔다. 대표적인 곳이 로마 인근의 휴양 도시인 폼페이와 오스티아다. 그런데 부자들이 떠나가고 빈민과 인술라만 남은 로마에 64년 7월 대화재가 발생한다. 더운 여름, 오스티아로 휴가를 가 있던 네로가 급히 로마로 돌아와 화재 진압에 주력했지만 속수무책이었다. 불은 열흘 동안 로마의 절반을 태워 버렸다.

네로Nero Claudius Caesar Augustus Germanicus는 불타 버린 로마를 재건하면서 몇 가지 건축 법령을 공포하고 체계적인 재개발을 실시한다. 로마 곳곳에 소

오스티아의 인술라. 1층은 상점, 2층은 주택이었다. 오늘날의 상가 주택과 비슷한 형태였다.

방도로를 만들어 불이 번지지 않도록 공개공지公開空地. 시민의 안녕을 위해 일부러 남겨 놓은 빈 터를 두고, 난립해 있던 인술라를 정비했다. 인술라는 70피트약 20미터로, 7층 건물 정도의 높이 이하로만 지었으며, 30피트약 10미터 이상의 이격거리離隔距離. 건물 사이의 공간를 두도록 했다. 그리고 불이 났을 때 이웃집으로 대피할 수 있게 발코니balcony. 난간를 설치했다. 건축법의 기본을 세운 것이다. 건물의 고도 제한, 이격거리, 공개공지는 오늘날에도 존재하는 건축 법령이다.

하지만 네로는 호화 궁전인 도무스 아우레아Domus Aurea. 황금 궁전를 지으면서 민심을 잃는다. 로마는 공화정이었기 때문에 황제 자리는 세습이 아니었고 신에 비할 만큼의 막강한 권력도 없었다. 그렇기 때문에 대중을 위한 건축물만 지었고, 황제를 위한 궁전을 지은 경우는 없었다. 물론 황제도 사람이기 때문에 집이 필요했지만, 약간 규모가 큰 도무스에 불과했다. '황금 궁전'이라 불릴 만큼 크고 화려한 도무스를 지은 사람은 네로가 유일했다. 이것이 그의 가장 큰 실수였다.

지나치게 호화로운 궁전을 지어 시민의 원성을 산 네로는 결국 실각한다. 이후 트라야누스Marcus Ulpius Trajanus가 집권하면서 도무스 아우레아를 파괴하고 그 자리에 콜로세움을 짓는다. 왕의 궁전을 헐고 시민을 위한 건축을 짓는다는 정치적 의도를 보여 준 것이다.

오늘날의 로마에는 콜로세움만 남아 있지만 지금으로부터 2000년 전 그곳에는 인술라들이 빽빽하게 늘어서 있는 가운데 네로의 황금 궁전이 우뚝 서 있었을 것이다. 항간에 네로가 불타는 로마 시내를 내려다보며 하프를 연주하고 시를 읊었다는 이야기가 나돌았다. 심지어 빈민가를 없애고 자신의 호화 궁전을 짓기 위해 일부러 불을 질렀다는 말도 나왔다. 이 이야기들이 사실인지 아닌지는 영원히 알 수 없다. 어쩌면 네로를 몰아내기 위해 반대파에서 의도적으로 퍼뜨린 헛소문일지도 모른다. 기록에 의하면 네로는 화재 소식을 듣고 곧바로 로마로 달려와 화재 진압에 힘썼다고 한다. 그러나 평판이 좋지 못한 네로는 일부러 불을 냈다는 의심을 받았고, 결국 민심이 흉흉해져 폭동이 일어난다.

로마 건축의 특징은 신전, 무덤 등 신을 위한 건축을 시민을 위한 건축으로 바꾸어 놓은 데 있다. 이집트의 피라미드와 그리스의 신전이 아무리

아름답다고 해도 그것은 죽은 자를 위한 건축이다. 고개를 들어 거리를 내다보자. 수많은 건물이 보일 것이다. 아파트가 있고, 학교가 있고, 사무실이 있다. 그 모든 건물의 공통점은 사람이 생활하는 공간, 사람을 위한 건축이라는 것이다. 로마는 최초로 사람을 위한, 시민을 위한 대중 건축의 시대를 열었다.

도무스는 어떤 집이었을까

로마 시대 서민들은 집합 주택 인술라에서 살았고, 귀족들은 단독 주택 도무스에서 살았다. 도무스Domus는 '덮다'라는 뜻을 가진 라틴어 'dom'에 명사형 'us'를 붙인 단어로, '집'을 뜻한다.

로마는 에트루리아 지방에서 발원했는데, 도무스도 에트루리아 주택에서 발전해 나왔다. 에트루리아 주택은 ㅁ자 한옥처럼 한가운데 안마당이 있고 그 주변에 방들이 있는 소박한 집이었다. 그런데 로마의 세력이 강해지면서 에트루리아 주택도 덩달아 거대해졌고, 두 개의 안마당이 있는 호화 주택 도무스로 변화했다. 귀족들은 도무스 출입구에 노예를 문지기로 세워 놓고 손님을 가려 받았다.

도무스로 들어가면 아트리움Atrium이라는 첫 번째 안마당이 나온다. 이곳에는 남성 가장의 서재와 손님 접대용 식당, 손님용 방들이 있었다. 마당 가운데에는 커다란 수조를 설치해 두고 빗물을 받아 생활용수로 사용했다. 로마인은 샌들을 신고 다녔기 때문에 발이 더러워지기 쉬웠다. 그래서 집에 오면 신발을 벗고 발을 씻었는데, 그때 수조의 물을 이용했다. 부유한 집에는 발 씻어 주는 노예도 따로 있었다. 로마 사회의 최하층민이었다. 신약성서에는 예수가 제자의 발을 씻겨 주었다는 일화가 많이 나오는데, 최하층 노예가 하던 궂은일도 마다하지 않았음을 보여 준다.

아트리움을 지나 좀 더 안쪽으로 가면 페리스타일Peristyle이라는 두 번째 안마당이 나온다. 여기에는 아내의 방과 부엌, 가사 작업실, 어린이 방 등이 있었다. 즉 도무스는 크게 아트리움 영역과 페리스타일 영역으로 나뉘어 있었다. 이는 조선 사대부의 집이 남성 가장의 공간인 사랑채와, 여성과 어린이들의 공간인 안채로 나뉘어 있던 것과 비슷하다. 여성과 아이들은 아버지가 머무는 공간에 출입하지 않는 것이 원칙이었다.

로마 시대의 남성은 군 복무를 끝낸 30대가 되어서야 결혼할 수 있었고, 여성들은 15~16세에 결혼하는 것이 일반적이었다. 그러다 보니 부부 간에는 나이 차이가 열 살 이상 났고, 남편이 아내와 아이들을 지배하고 보호하는 것이 일반적이었다. 아트리움과 페리스타일로 나뉜 도무스 주택은 로마의 이러한 사회상을 반영한 것이라 할 수 있다.

영토와 신을 위한 건축: 중세

미국 디즈니랜드에는 '잠자는 숲 속의 공주 성'이 있다. 동화에 나오는 아름다운 성을 재현한 것으로, 독일 바이에른 주의 노이슈반슈타인 성 Schloss Neuschwanstein을 본떠 만들었다. 1880년 무렵 지어진 노이슈반슈타인 성은 연극과 오페라, 특히 바그너의 오페라를 좋아한 바이에른 왕국의 왕 루트비히 2세Ludwig II가 낭만적인 중세 성의 모습을 본떠서 지었다. 즉 19세기에 중세 복고풍으로 지은 건물로, 실제 중세의 성보다 아기자기하고 예쁘게 지었다. 이 성의 이름은 '백조의 새로운 성'이라는 뜻이다.

'중세' 하면 으리으리한 성과 멋진 기사, 아름다운 공주, 기괴한 성에 사는 드라큘라가 떠오를 것이다. 그리고 웅장한 성당과 암흑기의 마녀 사냥도 떠오를 것이다. 낭만과 잔혹, 빛과 어둠이 교차하는 중세, 그 시대의 건축은 어떠했을까.

로마의 쇠망

기원 무렵부터 세력을 확장한 로마는 2~3세기에 최전성기를 누리다가 그 뒤로 서서히 무너진다. 로마가 망한 이유에는 여러 가지가 있지만 구조적인 문제가 가장 크다. 방대한 속주를 거느린 로마는 속주를 관리하기 위해 많은 인력을 써야 했다. 당시에는 기업이라는 것이 존재하지 않았기에 측량, 도로 건설, 수로 공사 등 요즘 같으면 민간 기업체에 맡겨서 할 만한 일을 군인을 동원해 해결했다. 그러다 보니 군 복무 기간이 길어졌고, 청년기의 대부분을 군대에서 보낸 이들에게 보상을 해야 했다. 그래서 속주의 땅을 제대 군인에게 조금씩 나누어 주었는데, 시간이 지날수록 더 많은 땅이 필요했기에 결국 한계에 다다를 수밖에 없었다.

로마가 망한 원인으로 고트족, 반달족, 무어족, 사라센족 등 각종 이민족의 침입을 거론하기도 한다. 그런데 이들은 본래 유럽에 살던 민족들로, 로마에 의해 터전을 빼앗긴 이들이다. 로마가 강성할 때는 먼 곳으로 쫓겨나 숨죽여 지내다가 로마가 쇠약해진 틈을 타 자신들의 땅을 되찾은 것이라 볼 수 있다. 어찌 됐든 로마는 수많은 이민족의 침입을 받았고, 이로 인해 많은 건물이 파괴되었다.

이민족의 잦은 침입은 도시 형태를 변화시켰다. 중세의 도시는 로마 시대에 주둔군이 있던 곳에서 탄생했다. 런던, 파리를 비롯한 유럽 도시들의 씨앗은 모두 로마 시대에 뿌려졌는데, 중세에 그중 몇몇 곳을 중심으로 폐쇄적인 성채가 구성된다. 대표적인 곳이 프랑스 남부의 님과 아를이다. 로마의 속주였던 님과 아를에도 원형 경기장이 있었는데, 로마가 멸망한 뒤로 서커스는 더 이상 벌어지지 않는다. 대신 사람들이 이민족의 침입을 피해 원형 경기장 안에 모여 살기 시작한다. 요즘으로 말하면 서울에 있는 잠실 종합운동장과 상암동 월드컵경기장에 모여 사는 것과 같다. 사람들은 건물의 일부를 떼어다가 자기 집을 짓는 데 사용하기도 했다. 대표적인 예가 콜로세움이다. 콜로세움은 콘크리트로 구조를 세우고 그 위에 돌로 마감을 했는데, 그 돌을 떼어다가 집을 지었다. 기둥, 타일 등은 장식품으로 썼다. 로마의 번성과 쇠망이 겹쳐진 풍경이었을 것이다.

잦은 전쟁에 대비하기 위해 요새화된 성채를 짓기도 했다. 중세에는 독일, 프랑스, 이탈리아 등과 같이 명확한 국경을 갖는 국가가 존재하지 않았다. 대신 지역별로 영주가 있어 세력권을 형성했고, 국경이 명확하지 않다 보니 소소한 전쟁이 끊이지 않았다. 평소에는 성 밖에서 농사를 지으며 살다가 적이 침입하면 성안으로 들어가 싸우며 적이 물러가기를 기다리는 것이 중세의 삶이었다. 따라서 영주의 성은 영주 가족의 집인 동시에 요새였다. 유사시에는 성문을 닫고 싸워야 했기 때문에 생활에 필요한 기본 시설들을 성안에 다 갖추어 놓았고, 외적의 침입에 대비하는 몇 가지 장치도 두었다.

중세의 성

성은 깊은 산 속이나 호수, 강으로 둘러싸여 외부에서 접근하기 어려운 곳에 있었다. 호수나 강이 없으면 성 둘레에 인공 연못을 파 해자垓字를 만들고 바깥과 교량으로 연결했다. 적이 침입하면 밧줄로 교량을 들어 올려 적의 출입을 막았다. 이는 중세의 성을 배경으로 하는 영화에 자주 등장하는 장면이다. 성은 높은 성벽으로 둘러 싸였고, 벽에 총안銃眼. 성안에서 총이나 활을 쏘기 위해 뚫어 놓은 작은 구멍이나 **현안**懸眼. 성안에서 쇳물이나 오물, 뜨거운 기름 등을 끼얹어 성벽을 기어오르는 침입자들을 물리치는 장치 등이 설치되었다. 곳곳에 높다란 망루나 탑을 설치하여 멀리서 침입해 오는 적은 없는지 감시했다.

성문을 모두 닫으면 그야말로 철옹성이 되었다. 산속이나 호수 한가운데 위치한 요새, 움직이는 교량, 성벽과 망루, 감시탑 등 흔히 떠올리는 중세 성의 모습은 방어 장치들을 조합한 것이다. 이러한 장치들은 외부

독일 슈투트가르트에 있는 호엔촐레른 성(Burg Hohenzollern). 잦은 전쟁에 대비하기 위해 성을 요새처럼 지었다.

에서 보면 아기자기하고 예뻐 보이기 때문에, 이후 중세 특유의 낭만적인 이미지와 겹치면서 대저택의 디자인에 쓰이기도 했다. 가장 대표적인 예가 독일의 노이슈반슈타인 성이다.

바이에른 왕국의 왕 루트비히 2세는 11세기 중세를 배경으로 하는 바그너의 오페라 〈탄호이저Tannhäuser〉에 영감을 받아 노이슈반슈타인 성을 짓는다. 실제 중세의 삶은 그다지 낭만적이지 않았고 성은 방어 기능에 충실한 군사 시설일 뿐이었다. 하지만 19세기가 되어 성은 군사적 방어 시설보다 과시적 성격이 강해지면서 중세의 성보다 크고 화려하게 지어졌다.

건물에는 그 시대의 시대정신이 담기기 마련이다. 19세기에 11세기

노이슈반슈타인 성. 루트비히 2세가 중세의 성을 모방해 19세기에 지었다.

의 성을 본떠 지은 것은 어쩌면 열아홉 살 청년이 열한 살에 입던 옷을 다시 지어서 입은 것처럼 우스꽝스러워 보일 수도 있다. 그러나 19세기는 지방 성주의 나라들이 하나의 국가로 통일되던 시기다. 독일은 민족적 정통성을 확인하고 나라의 힘을 과시할 필요가 있었다. 루트비히 2세는 그 정통성을 중세의 성에서 가져왔다.

유감스럽게도 루트비히 2세는 말년에 예술에 지나치게 탐닉한 나머지 광기에 빠져 은둔 생활을 하다가 불행한 죽음을 맞았다. 그러나 그가 지은 성은 오늘날에도 아름다운 관광지로 남아 있다.

무기실의 등장과 쇠퇴

로마의 콘크리트 기술은 중세에 거의 사장되었다. 중세의 성은 적을 방어하는 데 유리하도록 돌로 짓는 경우가 많았다. 창을 많이 낼 수가 없었기 때문에 성안은 어둡고 침침했으며, 겨울에는 매우 추웠다. 추위를 막기 위해 바닥에 카펫을 깔았고, 벽에도 두꺼운 천을 둘렀다. 우리가 흔히 '태피스트리tapestry'라고 부르는 장식품은 중세에 추위를 이기기 위해 벽에 걸던 두툼한 천을 말한다.

태피스트리는 구역을 나누는 칸막이 역할도 했다. 오늘날의 방은 대부분 혼자 쓰기 때문에 크기도 작고, 방문만 닫으면 밀폐가 된다. 하지만 중세에는 독방을 쓰지 않았기 때문에 방 크기가 컸다. 왕은 신하들, 호위 기사들과 방을 같이 썼고, 왕비는 여러 명의 시녀와 한 방을 쓰고 밤에도 함께 잤다. 그래서 목욕을 하거나 옷을 갈아입는 등의 개인 용무를 볼 때는 가리개가 필요했다. 이때 태피스트리가 칸막이 역할을 했다.

중세에는 왕이 이동할 일이 많았다. 왕권이 약했기 때문에 지방에서 종종 반란이 일어났고, 왕은 이를 예방하기 위해 정기적으로 지방을 순회했다. 고려 시대에 왕이 개경개성 외에 서경평양과 남경서울을 두고 1년에 몇 달씩 머무른 것과 같은 이치다. 한 해에도 몇 번씩 이동을 해야 했고, 그럴 때마다 카펫과 태피스트리는 물론 가구도 마차에 실어야 했다. 그러면서 접이식 의자와 탁자 등을 만드는 기술이 발달했다. 오늘날 유럽의 앤티크 가구에 고풍스러운 접이식 의자와 책상이 많은 것은 이 때문이다.

전쟁이 잦던 중세에는 오늘날에는 없는 특이한 방이 있었다. 바로 무기실이다. 중세의 귀족과 기사는 특권이 많았지만 의무도 많았다. 그중 가장 중요한 의무는 전쟁이 났을 때 무장을 하고 전쟁터에 나가 싸우는 것이었다. 그리고 전쟁에서 공을 세우면 왕으로부터 보석 박힌 칼이나 투구, 방패 등을 특별 선물로 받았다. 이때 받은 선물은 무기실에 고이 모셔 놓고 가문의 보물로 삼았다. 그래서 무기실은 갑옷과 무기를 두는 방이자 자신의 지위를 과시하고 정체성을 드러내는 중요한 방이었다. 중세를 배경으로 하는 영화나 소설에 무기실이 자주 등장하는 것은 이 때문이다. 조선 시대 양반들이 사랑채에 앉아 시간을 보낸 것처럼, 중세의 귀족들은 무기실에서 주로 시간을 보냈다.

그런데 중세 말기부터 무기실이 쇠퇴하기 시작한다. 사회가 안정되면서 전쟁이 많이 줄었기 때문이다. 전쟁이 자주 일어날 때는 지방의 성주들이 기사의 무력에 의존할 수밖에 없었다. 그러나 사회가 안정되자 왕권이 강화되었고 기사의 지위가 하락하면서 무기실도 쇠퇴한다. 중세를 배경으로 한 소설 《돈키호테Don Quixote》에는 낡은 갑옷과 녹슨 칼이 있는 무기실에 앉아 기사 이야기를 읽으며 공상에 빠지는 돈키호테가 등장한다. 풍차를 사악한 용으로 착각하여 돌진하는 것처럼 무모하고 우스꽝스럽게 그려진 돈키호테의 모습은 지난 시절을 그리워하며 역사 속으로 사라져 간 기사의 슬픈 자화상이었을 것이다.

무기실은 점차 쇠퇴했지만 그렇다고 완전히 사라진 것은 아니었다. 사회가 안정되어 귀족 계층이 성장하면서 새로운 교양이 필요해졌다. 그러면서 실전 기술인 중세의 검술은 펜싱이라는 스포츠로, 승마 역시 스포츠로 자리 잡기 시작했다. 이로써 무기실은 펜싱 연습실이 되었고, 펜싱뿐

스페인 세고비아 주의 성 세고비아 알카사르(Alcázar de Segovia)에 있는 무기실.

아니라 다트 게임, 당구 등 실내 스포츠를 즐기는 방으로 변해 갔다. 그리고 결국에는 당구실로 바뀌었다. 큐대 두 개를 교차시키고 가운데 당구공 4개를 배치하는 당구장 표시(※)는 본래 무기실에서 검 두 자루를 교차시키고 그 위에 투구를, 아래에는 방패를 걸어 두던 것에서 유래한다.

시간이 지나면서 당구실은 또 다른 용도로 사용된다. 18~19세기에는 남성 가장이 머무는 공간인 서재가 등장하는데, 다 큰 아들이 있는 집에는 아들을 위한 공간이 필요했고 이 공간은 당구실로 이용되는 경우가 많았다. 조선 시대에 아버지가 머무는 큰 사랑채와 장성한 아들이 머무는 작은 사랑채가 따로 있던 것과 같은 이치다.

최근 우리나라에는 이와 관련된 사건이 하나 있었다. 바로 경교장京

^{橋표} 당구실 복원 논란이다. 임시 정부 시절 김구 선생의 집무실이던 경교장을 2010년 복원하기 시작했는데, 그곳에 설치된 당구실을 두고 독립과 통일 운동에 힘쓴 김구 선생이 당구나 치면서 소일하였단 거냐며 말이 많았다.

경교장은 일제 강점기에 금광 사업으로 큰돈을 모은 최창학이 1938년 개인 저택으로 지은 건물로, 처음 이름은 죽첨장^{竹添莊}이었다. 19세기 유럽 귀족의 주거 문화를 충실히 모방한 이 건물은 지하 1층, 지상 2층 규모로 지어졌다. 지하에는 부엌과 창고가 있고, 1층에는 손님 접대를 위한 응접실, 식당, 연회장, 당구실이 있으며, 2층에 침실이 있었다.

광복 이후 이 건물은 김구 선생에게 제공되었다. 이때 명칭이 '경교장'으로 바뀌었고, 1949년 선생이 암살당할 때까지 집무실과 숙소로 쓰였다. 이후 대사관, 미군 주둔 사무소, 병원 등으로 쓰이며 혼란스러운 역사의 흔적을 고스란히 담아냈다.

경교장에는 독립 운동의 특성상 젊은 남자들이 많이 드나들었고, 김구 선생이 사용하는 서재 외에 열사들이 모일 당구실이 필요했다. 건축 역사에는 어떤 방의 이름이 한번 정해지면 그 방의 용도가 달라져도 처음 이름을 그대로 사용하는 경우가 많다. 오늘날 서재라 부르는 방 역시 책을 읽고 공부하는 공간보다 가장이 혼자 시간을 보내는 사실^{私室}의 성격이 더 강함에도 여전히 서재로 부르는 것과 같다. 당구실도 마찬가지다. 경교장의 당구실은 이름만 당구실일 뿐, 실제로는 선전부의 사무실로 사용되었다.

중세의 성당

대략 500년부터 1500년에 이르기까지 1000여 년에 걸친 중세는 크게 전기와 후기로 나뉜다. 이민족의 침입에 대비하기 위해 요새 같은 성을 짓고 숨어 살던 시기가 중세 전기라면, 11세기 이후인 중세 후기는 사회가 안정되면서 문화가 꽃피고 기독교가 발흥하는 시기다. 기사의 무력보다 성직자의 정신적 권위에 더 의존하게 된 것이다. 중세 후기에는 사제 집단이 성장하면서 수도원을 비롯한 종교 건축이 발달한다. 특히 이때 화려하게 꽃핀 건축이 성당이다.

'서양 건축사의 80퍼센트는 성당이다.'라는 말이 있을 정도로 유럽에서 성당 건축이 차지하는 위상은 크다. 프랑스의 노트르담 대성당, 독일의 쾰른 대성당^{Kölner Dom}, 영국의 더럼 대성당^{Durham Cathedral} 등이 중세 후기에 지어졌다. 성당은 로마의 바실리카 건축을 원형으로 한다. 2장에서 살펴본 것처럼 바실리카는 많은 사람이 한꺼번에 이용할 수 있는 대형 건물로, 집회소, 재판소, 회의장 등 여러 용도로 쓰였다. 그리고 4세기에 로마가 기독교를 공인하면서 예배당이 되었다. 공간이 넓으니 많은 사람이 모여 예배를 보기에 적합했던 것이다. 바실리카는 예배당으로 사용되면서 종교 집회에 어울리는 모습으로 변하기 시작한다.

중세의 성당은 전기에 해당하는 비잔틴^{Byzantine} 양식과 후기에 해당하는 고딕^{Gothic} 양식으로 크게 나뉜다. 로마는 4세기 이후 동로마 제국과 서로마 제국으로 나뉘고, 동로마 제국은 콘스탄티노플^{오늘날의 이스탄불}을 수도로 하는 비잔틴 제국이 된다. 비잔틴 양식이란 비잔틴 제국에서 지은 중세 성당의 초기 형식을 말한다. 비잔틴 시대의 성당은 로마의 돔 구조를 따랐다. 또한 예배당이 앞뒤로 길쭉하고 가장 안쪽에 제단과 주교좌가 있다. 그리고 벽면에는 화려한 모자이크가 있다. '모자이크mosaic'란 기독교 성인 가운데 한 명인 '모세Moses'의 이름에서 유래한 말로, '모세의 그림'이라는 뜻이다. 색색의 유리나 타일 조각을 붙여 완성하는 기법으로, 모세뿐만 아니라 성경 이야기를 그림의 주된 내용으로 했다.

비잔틴 양식으로 가장 유명한 성당은 성 소피아 성당이다. 537년 지어진 이 성당은 1453년 이슬람의 침공으로 비잔틴 제국이 멸망할 때까지 거의 1000년 동안 비잔틴 성당의 모델이 되었다. 성 소피아 성당은 지름 33미터, 높이 55미터의 거대한 돔으로 덮여 있으며, 사이사이에 뚫린 창으로 햇빛을 받아 신비로운 분위기를 연출한다.

프랑스의 사크레 쾨르 대성당Basilique du Sacré-Coeur 역시 비잔틴 양식으로 유명하다. 1870년 프로이센과의 전쟁에서 패한 뒤 국민의 사기를 끌어올릴 목적으로 짓기 시작한 성당으로, 1919년 완성되었다. 천장에는 475제곱미터에 이르는 거대한 모자이크 그림이 있다.

중세 후기가 되면서 성당은 고딕 양식으로 발전한다. 원통을 눕힌 듯한 일자형 건물 중간에 직각으로 회랑을 교차시켜 익랑翼廊을 만드는 방식으로, 건물을 위에서 내려다보면 십자형으로 보인다. 고딕 성당은 비잔틴 성당보다 높이가 훨씬 높고 면적도 넓다. 고딕 성당 중에서 천장이 가장 높은 것은 13~19세기까지 지은 프랑스 파리의 보베 생피에르 대성당Cathedrale Saint-Pierre de Beauvais인데, 실내 높이가 무려 48미터에 이른다. 오늘날 우리가 사용하는 일반 건물의 천장 높이가 3미터 내외고 아파트의 천장 높이가 2.3미터 정도인 것을 생각하면 얼마나 높은지 알 수 있다. 물

파리의 몽마르트르 언덕 위에 있는 사크레 쾨르 대성당. 비잔틴 양식의 상징이라 할 둥그스름한 볼트 지붕이 돋보인다. 성당 앞에 잔 다르크(Jeanne d'Arc) 동상이 있다.

사크레 쾨르 대성당 천장의 모자이크.

파리의 보베 생피에르 대성당. 수직으로 세운 버팀벽들이 건물 옆면에 지네발처럼 촘촘히 붙어 있다.

론 모든 고딕 성당이 그런 것은 아니다. 일반적인 높이는 30~40미터 정도다. 이는 오늘날의 아파트 10~13층 높이에 해당하는데, 중세의 주택이 대개 단층이던 것을 생각하면 정말 까마득한 높이다.

이렇게 높은 벽을 세우기 위해 개발한 기술이 버트레스buttress, 일명 버팀벽 방식이다. 높다란 벽이 쓰러지지 않도록 벽 바깥에 2~3미터 폭의 작은 벽들을 수직으로 받치는 것이다. 수직으로 세운 책 한 권은 조금만 건드려도 쓰러지지만 책의 양옆에 작은 책을 맞붙여 놓으면 안정감이 생겨서 쉽게 쓰러지지 않는 것과 같은 원리다. 이렇게 만들어진 건물 벽에는 수직으로 긴 창을 내고 스테인드글라스stained glass를 설치해 성당 특유의 분위기를 연출했다. 비잔틴 성당의 모자이크 대신 스테인드글라스를 도입한 것이다.

중세에는 유리를 맑고 깨끗하게 만들지 못했다. 커다란 통유리도 만들 수 없었다. 당시에 만든 유리는 뿌옇고 깨지기 쉬웠다. 그래서 작게 조각 낸 유리에 물을 들여 색을 낸 뒤 조각조각 이어 붙여 그림을 만들었다. 이것이 '착색된 유리', 즉 스테인드글라스다. 그림의 내용은 주로 성경이다. 당시 대부분의 사람은 귀족이나 성직자를 제외하고 글을 읽을 줄 몰랐다. 게다가 성경은 모국어인 프랑스어나 독일어가 아닌 라틴어로 적혀 있었기에 농민들이 읽기는 더욱 어려웠다. 그래서 교회에서는 성경 내용을 스테인드글라스로 만들어 대중을 가르쳤다.

일반적으로 유럽의 성당은 서쪽을 향해 짓는다. 일과를 끝낸 뒤 성당에 들러 저녁 기도 올리는 것을 중요하게 여기기 때문이다. 서향으로 지은 성당은 석양빛을 받아 극적인 효과를 낸다. 해가 지기 시작하면 성당 입구에 도드라지게 조각되어 있는 괴수들 모습에 그림자가 깊게 드리워져 보는 사람으로 하여금 기괴한 인상을 준다. 그런데 성당 문을 열고 안으로 들어가면 빛의 향연이 펼쳐진다. 벽에 수직으로 길게 난 창의 스테인드글라스로 빛이 아름답게 들어오기 때문이다. 성당 입구의 괴수는 지옥의 악마를 상징하고, 성당 안의 스테인드글라스는 천국을 상징한다.

체코 프라하에 있는 성 비투스 대성당(St. Vitus Cathedral), 벽에 창을 내 스테인드글라스를
설치했다.

성당 문을 열고 안으로 들어가는 순간 지옥에서 천국으로 이동한 듯한 착각에 빠지도록 하는 것이다. 촛불에 일렁이는 그림자와 파이프 오르간에서 울려 퍼지는 찬송가 소리가 더해지면 그 효과가 극대화된다. 오늘날 사람들이 컴퓨터그래픽으로 처리된 영화와 게임 속의 세계에 빠져드는 것처럼, 당시 사람들 역시 성당 안을 천상의 모습으로 착각하고 빠져들었을 것이다.

동양의 사찰

중세에는 종교 건축이 발달했다. 약한 왕권 대신 종교의 힘에 의지해 통치했던 중세 국가의 특징이다. 이는 동아시아도 마찬가지였다. 통일신라 시대와 고려 시대에 불교가 크게 흥했고, 유명한 사찰들도 그때 지어졌다. 천년 고찰이라 알려진 경북 영주의 부석사를 비롯하여 양산 통도사, 보은 법주사, 공주 마곡사, 순천 선암사, 해남 대흥사 등이 이 시기에 지어졌다.

유럽의 성당은 서향인 반면 동아시아의 사찰은 동향이다. 밤새 정진한 부처님이 샛별을 보고 깨달음을 얻었다는 일화도 있듯이, 불가에서는 새벽 예불을 중시한다. 그래서 사찰의 대웅전은 떠오르는 아침 해를 받고 본존불本尊佛. 석가모니불이 빛날 수 있도록 동향을 하고 있다.

불교는 크게 교종과 선종으로 나뉜다. 교종은 경전 공부에 중점을 두는데, 불교 경전을 읽기가 어렵기 때문에 큰스님의 설법을 중심으로 공부한다. 그러다 보니 법회가 중요시되고 많은 사람이 모일 수 있는 공간도 필요하다. 교종이 우세했던 신라 시대에는 많은 사찰이 시내 중심가에 지어졌다. 이때 지어진 분황사도 경주 시내에 있다. 그런데 이후 참선 수행으로 깨달음을 얻는 선종이 우세하면서 절은 점차 조용한 곳으로 들어간다. 물론 이는 조선 시대에 유교를 숭배하고 불교를 억압하는 숭유억불崇儒抑佛 정책을 시행하면서 절이 점차 산속으로 숨어든 이유도 있을 것이다. 오늘날 대부분의 사찰은 산속에 있다.

절에 가려면 기둥을 한 줄로 배치한 일주문一柱門, 사천왕을 모신 천왕문天王門, 절대의 경지를 상징하는 불이문不二門, 이렇게 세 개의 문으로 구성된 산문山門. 절의 바깥문을 지나야 한다. 그렇게 산길을 오르며 여러 문을 지나다 보면 속세의 거친 마음은 어느새 평온해진다. 사찰 본당으로 바로 이어지는 불이문을 지나기 전에 만나는 문은 천왕문인데, 여기에는 무서운 모습의 사천왕四天王들이 커다란 목상 형태로 서 있다. 보석과 칼을 들고 있는 형상, 용을 움켜쥐고 여의주를 빼내고 있는 형상, 삼지창과 보탑을 들고 있는 형상, 비파를 타는 형상이다. 이들은 이상세계인 불국정토佛國淨土에서 동서남북을 지키는 사천왕이다.

천왕문과 불이문을 지나면 절 안으로 들어서게 된다. 아침 해가 뜰 때 대웅전에 들어가 예불을 올리면 빛이 본존불의 미간을 정면으로 환하게 비추는 모습을 볼 수 있다. 이는 마치 성당 입구에서 무서운 괴수들의 형상을 보고 성당 안에서 빛의 향연을 마주하게 되는 것과 비슷한 효과를 낸다. 사천왕을 지나 절에 들어서면 불국정토에 온 듯한 느낌을 받는 것이다. 이처럼 유럽의 성당과 동아시아의 사찰은 다른 듯 닮아 있다.

우리나라의 사찰은 주로 고려 시대의 것이 많고 궁궐, 서원, 종가 등

부산 범어사의 천왕문. 문 안쪽에 사천왕상이 있다. 천왕문과 불이문을 지나면 너른 마당이
펼쳐지며 사찰 건물들이 나타난다.

은 조선 시대의 것이 많다. 당연한 일이다. 고려 시대에 불교는 왕권에 견
줄 만큼 세력이 컸기 때문이다. 숭유억불 정책을 펼친 조선 시대에 화려
한 사찰이 지어진다는 것도 어불성설이다. 각 시대의 지배 논리를 담은
건물을 지은 것이다.

많은 속주를 거느리던 로마의 세력이 약해지면서 잃어버린 땅을 되찾으
려는 원주민의 노력이 시작되었다. 유럽의 시각에서 보면 이민족의 침입

이었다. 중세 유럽의 성은 이민족의 침입을 막기 위해 점차 요새화되어 갔다. 그리고 사회가 안정되면서 성당 건축이 발달했다. 중세 후기에는 교황권이 왕권을 능가하면서 성당 건축이 더욱 발달한다. 하지만 르네상 스 시대가 다가오고 있었다. 르네상스를 연 이들을 위한 새로운 건축이 지어질 것이었다.

중세 기사의 삶은 어땠을까

'중세' 하면 떠오르는 가장 낭만적인 이미지는 바로 기사다. 그렇다면 그들의 실제 생활은 어땠을까. 정말 낭만적이었을까.

기사가 되려면 오랜 기간 수업을 들으며 훈련을 받아야 했다. 게다가 무기와 말도 직접 마련해야 했다. 그러다 보니 경제적으로 어려운 농민들은 기사가 되기 어려웠다. 주로 기사나 귀족의 아들 중에서 기사가 되는 경우가 많았다.

기사가 되려는 아이는 7세 무렵 다른 귀족의 성으로 들어가 잔심부름을 하는 시동侍童 생활을 했다. 읽기와 쓰기, 교양과 예절을 배우는 시기였다. 14세가 되면 수행 기사Esquire로서 기사를 섬기며 말 타기와 검술 등을 익혔다. 이 시기에는 기사가 전쟁에 나가면 따라 나가야 했는데 갑옷과 무기가 변변치 않았기 때문에 부상의 위험이 컸다.

수행 기사는 기사가 갑옷 입는 것도 도와야 했다. 기사의 갑옷은 온몸을 감싸는 형태여서 기사 혼자 입고 벗을 수가 없었다. 쇠 구두, 무릎 가리개, 흉곽 보호대, 팔목 가리개, 장갑 등 종류도 복잡하고 많았다. 완전 무장했을 때의 갑옷 무게는 대략 24킬로그램 정도였다. 그러다 보니 기사의 갑옷을 하나하나 입히는 것은 여간 힘든 일이 아니었다. 전투가 끝난 뒤에 갑옷을 벗기는 것도 큰일이었다.

중세의 전투는 중무장을 하고 말을 탄 채로 진을 치는 경우가 많았다. 용변이 급해도 화장실을 다녀올 수 없었기 때문에 갑옷을 입은 채 배설했다. 전투 중에 피가 묻는 일도 다반사였다. 이렇게 더럽혀진 갑옷을 깨끗이 닦아 반들반들하게 해 놓는 것도 수행 기사의 일이었다. 이뿐만이 아니었다. 말에게도 갑옷을 입혀야 했다. 말 갑옷을 관리하는 것도, 말을 관리하는 것도 다 수행 기사의 몫이었다.

한 명의 기사는 서너 명의 수행 기사를 거느렸다. 수행 기사들은 변변찮은 보수와 대우를 받으며 몇 년을 견뎌야 했고, 그렇게 21세에 이르면 기사가 될 수 있었다. 대영주나 스승에 의해 기사 작위를 받으면 경건, 명예, 용기, 정중, 순결, 충성 등 기독교적 윤리관과 군사적 도덕관이 융합된 기사도를 익히며 명예로운 기사의 길을 걸었다.

중세 기사는 르네상스 이후 점점 쇠퇴했지만 아직도 영국에는 기사 작위 제도가 남아 있다. 영국에서는 군 장성이나 참모 총장에게 영국 여왕이 직접 기사 작위를 수여하고, 국가에 큰 공을 세운 이에게도 기사 작위를 내린다.

왕을 위한 건축: 절대왕정 시대

'세계에서 가장 호화로운 건물'이라고 하면 대개 프랑스의 루브르 궁전 Palais du Louvre과 베르사유, 그리고 러시아의 예르미타시Hermitage를 꼽는다. 모두 절대왕정 시대에 지어진 궁전인데, 오늘날에는 박물관으로 쓰이고 있다. 이 건물들에 살던 왕은 혁명으로 왕위를 빼앗기고 처형되었다.

17~18세기 프랑스는 세계에서 가장 부유한 나라이자 문화 강대국이었다. 그리고 러시아는 귀족들이 일상에서 러시아어가 아닌 프랑스어를 사용할 만큼 프랑스를 흠모했다. 나폴레옹의 군대가 러시아에 쳐들어 왔을 때도 러시아 귀족들은 무도회에서 프랑스어로 나폴레옹을 비판했고, 러시아 장교들도 막사에서 프랑스어로 작전 회의를 했다. 톨스토이의 소설 《전쟁과 평화》에 이러한 모습이 잘 나타나 있다. 프랑스는 세상의 중심이었다.

프랑스의 베르사유 궁전이 '5월의 푸른 잔디밭 위에 핀 장미'라면, 러시아의 예르미타시 궁전은 '장미를 유리로 만들어 순백의 눈밭 위에 꽂아 놓은 것'이라고 말하는 사람도 있다. 그런데 이렇게 호화로운 궁전들이 어쩌다가 박물관이 된 걸까?

르네상스의 시작

1000여 년 동안 이어지던 중세가 막을 내리면서 15세기 유럽은 르네상스 시대를 맞이한다. '르네상스Renaissance'란 '재생' 혹은 '부활'이라는 뜻으로, 신이 세상의 중심인 시대가 가고 인본주의人本主義. 신 중심의 세계관에서 벗어나 인간의 존엄성을 회복하려는 정신 시대가 다시 왔음을 가리킨다. 신의 시대인 고대 그리스 시대, 민중의 시대인 로마 시대, 신의 시대인 중세를 거쳐 다시 인간의 시대가 되었다는 뜻이다. 여기에는 과학 기술의 발달이 영향을 끼쳤다. 세상의 모든 것을 신의 의지로 해석하던 시대를 지나 과학 기술의 원리로 이해하는 시대가 된 것이다.

11세기 말부터 13세기 말까지 십자군 전쟁기독교도가 이슬람교도로부터 팔레스타인과 예루살렘을 빼앗기 위해 일으킨 전쟁이 벌어지는 동안 동방에서 유럽으로 세 가지 신기한 물건이 전해진다. 종이, 나침반, 화약이 그것이다. 그중 나침반은 유럽의 항해술 발전과 무역 항로 개척에 큰 역할을 한다. 그리고 항로가 개척되면서 무역으로 돈을 번 신흥 부유층이 생겨난다. 특히 이탈리아의 항구 도시들이 부유한 도시로 새롭게 떠오른다. 그중 가장 부유한 도시는 베네치아와 피렌체였다.

이러한 변화는 셰익스피어의 희곡에도 드러난다. 셰익스피어는 영국 작가임에도 이탈리아를 배경으로 하는 작품들을 많이 남겼는데,《베니스의 상인》에는 대부업에 손을 댄 이탈리아 상인이 등장하고,《로미오와 줄리엣》에서 로미오와 줄리엣은 이탈리아의 부유한 거상 집안의 자녀들로 나온다. 또한 '로미오Romeo'는 '로마Rome'에서, '줄리엣Juliet'은 '율리우스Julius, 로마의 장군 율리우스 카이사르의 이름'의 여성형인 '율리아Julia'에서 따왔다. 이탈리아가 로마 제국의 후예임을 영국 작가가 인정한 셈이다. 당시 이탈리아가 부유한 문화 중심지였음을 보여 주는 예라 하겠다. 이탈리아는 메디치Medici 가문의 후원을 바탕으로 성장했는데, 메디치가 역시 무역으로 돈을 모은 거상 집안이었다.

부유한 거상들 사이에는 팔라초Palazzo가 유행한다. 팔라초는 로마 시대 귀족들의 주택 도무스에서 발전한 주택 양식이다. 도무스는 안마당을 가운데 두고 ㅁ자 형태로 지어졌는데, 땅이 좁은 지역에서 흔히 나타나는 유형으로 우리나라의 ㅁ자 한옥과도 비슷하다. 이탈리아의 팔라초는 도무스보다 고밀화된 형태다. 도무스는 단층이지만 팔라초는 3층이다. 상인 주택이므로 1층에는 상점과 사무실을 두었고, 2층은 침실로, 3층은 하인의 방과 창고로 사용했다. 전체적인 외관은 르네상스 특유의 절제된 세련미를 갖추면서도 도둑에 대비하는 방어적인 모습을 취했다.

대표적인 팔라초로 메디치 저택Palazzo de Medici, 스트로치 저택Palazzo de Strozzi, 피티 저택Palazzo de Pitti, 우피치 저택Palazzo de Uffizi, 루첼라이 저택Palazzo de Rucellai 등이 있다. 모두 항구 도시 피렌체의 부유한 거상 가문의 집이었다. 거상들은 평민 신분이었지만 큰돈을 모았기 때문에 생활수준이 귀족보다 높고 화려했다. 이들은 얕은 문화적 기반을 보완하기 위해 예술가를 후원하고 미술품을 수집했다. 그리고 이러한 후원 사업은 르네상스의 요람이 되었다. 거상 가문의 팔라초들은 오늘날 대부분 미술관이 되었다.

거상들은 상업 외에 대부업도 했는데, 이는 나중에 은행으로 발전한다. 그리하여 19세기 은행 건물은 팔라초를 모방한 형태로 지어진다. 은행은 돈을 관리하는 곳인 만큼 신뢰감을 주는 것이 중요하다. 그래서 은행 건물을 지을 때는 중후한 전통 양식을 빌려오는 경우가 많다. 은행업의 시초라 할 수 있는 15세기 거상들의 팔라초는 은행 건물로 가장 적합한 모델이었다. 특히 팔라초 양식의 방어적인 요소는 실제로 은행에 도둑이 드는 것을 막아 주었고, 견고하고 믿을 만하다는 인상을 주었다.

이탈리아 로마의 팔라초. 오늘날에는 대부분 미술관으로 쓰인다.

　　우리나라에도 팔라초의 영향을 받은 건물이 있다. 우리나라 최초의 은행인 '한국은행오늘날의 한국은행 화폐박물관'이다. 1912년 일제 강점기에 르네상스 양식으로 지어진 이 건물은 본래 '조선은행'이었다. 당시 일제는 '일본이 조선을 지배한다.'는 관점이 아니라 '동양에서 먼저 진보한 나라가 아직 그렇지 못한 나라와 연합하여 서양 제국주의의 침략에 맞선다.'라는 논리로 침략을 정당화했다. 그러면서 연합의 방법으로 여러 문물을 도입하고 건물을 세웠다. 조선의 정치를 장악하기 위해 경복궁 앞에 조선총독부를 세웠고, 경제를 지배하기 위해 조선은행을 세웠으며, 식량을 수탈하기 위

옛 한국은행 건물. 겉모습이 팔라초와 닮아 있다.

해 철도를 깔고 서울역을 지었다. 그런데 이러한 건물들은 일제에 의해 지어진 건물인데도 매우 서양적이다. 앞서 설명한 침략 논리에 따라 '진보된 양식'으로 지어야 했던 것이다. 그래서 선택한 것이 바로 15세기 르네상스 양식이었다. 이렇게 지어진 조선은행은 이후 은행 건물의 전형이 되었고, 20세기 초에는 이와 비슷한 은행 건물이 많이 들어섰다.

궁전 건축의 발달

이탈리아의 거상 가문은 돈은 많지만 신분은 평민이었다. 그들에게 가장 절실한 것은 명예와 높은 신분이었다. 그래서 거상 가문은 문화 사업을 후원하면서 명예를 얻었고, 귀족이나 왕족과 혼사를 통해 신분을 상승시켰다. 특히 피렌체의 최고 가문인 메디치가의 딸들은 영국과 프랑스의 왕실로 시집을 갔다. 이 중 가장 유명한 사람은 프랑스의 앙리 2세^{Henri} II에게 시집간 카트린 드메디시스^{Catherine de Médicis}인데, 팔라초를 혼수로 가져간다. 그리하여 이탈리아의 팔라초 건축 양식은 영국과 프랑스에 전파되고, 궁전 건축의 기초가 된다. 오늘날 '궁전'을 뜻하는 영어 'palace'와 프랑스어 'palais'는 모두 이탈리아의 '팔라초^{palazzo}'에서 유래한다.

흔히 중세의 '성^{castle}'이 발달해 절대왕정 시대의 궁전이 되었다고 생각하지만, 성과 궁전은 기원이 다르다. 외적의 침입을 막기 위한 요새로서 발달한 건물이 성이라면, 식민지를 개척해 나가던 시기에 국가 권력을 드러내는 건물로서 발달한 것이 궁전이다. 즉 궁전은 방어보다 과시의 기능이 강했다. 그러다 보니 매우 화려했다. 성은 깊은 산 속에 호수, 인공 해자 등으로 둘러싸여 있지만, 궁전은 너른 벌판에 대칭적인 형태로 지어졌다. 대칭적인 디자인은 과시적인 건물과 공공건물의 전형적인 특징인데, 자연과 어우러진 중세의 성에서는 보기 힘든 디자인이다.

17~18세기에 지어진 궁전 중 가장 유명한 것은 베르사유다. 오스트리아에서 시집 온 마리 앙투아네트^{Marie Antoinette d'Autriche} 왕비를 위해 지은 궁전으로, '거울의 방'이 특히 유명하다. 당시 거울은 오늘날 텔레비전, 컴퓨터, 휴대용 전자 기기 등에 사용되는 LCD ^{Liquid Crystal Display, 액정 표시 장치}만큼이나 신문물에 속했다. 얼마나 큰 LCD를 만들 수 있는가는 가전제품 회사의 기술력뿐 아니라 국력을 상징하는 것이기도 한데, 거대한 유리로 만든 거울의 방 역시 세계로 뻗어 나가는 프랑스의 국력을 상징했다.

베르사유에 있는 '거울의 방'.

이전까지는 유리 제조 기술이 발달하지 못해 크고 평평한 판유리를 못 만들었다. 중세 성당의 스테인드글라스도 이러한 기술적 한계 때문에 탄생했다. 유리의 평평한 정도는 거울을 만들어 보면 금방 알 수 있는데, 유리가 평평하지 않으면 거울에 얼굴을 비쳤을 때 코가 커 보이거나 입이 작아 보이는 등 왜곡이 생긴다.

거울의 방은 뛰어난 유리 제조 기술을 바탕으로 만들어졌다. 실제로 거울의 방에 들어가면 놀라게 된다. 방이라기보다는 긴 갤러리에 가까운데, 벽에 붙어 있는 거울은 오늘날의 거울과 비교해도 손색이 없을 만큼 평평하다. 무도회를 할 때 왕과 귀족들은 자신의 모습을 그 거울에 끊임

없이 비추어 보았을 것이다. 까마득히 높은 곳에 스테인드글라스를 설치해 성경 속 장면을 재현한 중세 성당과 달리, 절대왕정 시대의 궁전은 사람의 눈높이에 거울을 달아 사람들이 자신을 볼 수 있게 했다. 신이 아닌 인간을 보여 주는, 인본주의적인 건물이다.

호기심의 방

루이 14세^{Louis XIV}는 "짐이 곧 국가다."라고 선언한다. 이렇게 말할 정도로 왕이 막대한 권력을 가진 건 식민지 개척으로 쌓은 국부가 있어 가능했다. 앞서 살펴본 것처럼 15세기 거상들은 무역으로 부를 쌓았는데, 17세기에는 무역 산업이 국가 단위로 확대되어 유럽의 열강들이 앞다투어 식민지를 개척한다. 그러면서 궁전과 귀족 주택에 이전에는 없던 새로운 방이 생겨난다. 바로 '호기심의 방^{Salon de Curiosite}'이다. 세계 곳곳에서 빼앗아 온 진귀한 수집품들을 보관하고 전시하는 방이었다. 왕과 귀족들은 각종 보물과 수공예품으로 호기심의 방을 채웠다. 아시아와 아프리카에서 가져온 물품들이 인기가 많았다. 인도의 상아 장식품, 중국의 도자기, 일본의 나전 칠기 등은 르네상스 시대 귀족의 호기심을 충족시켰다.그래서 영어 'china'는 '중국'과 '도자기'를 뜻하고, 'japan'은 '일본'과 '나전 칠기'를 뜻한다.

시간이 지나면서 수집품의 규모는 점점 커졌다. 인도와 아프리카 왕실의 보물을 빼앗아 와 전시하기도 했고, 이집트의 오벨리스크^{obelisk, 태양 숭배를 상징하는 기념비}를 떼어다가 왕실 정원에 가져다 놓기도 했다. 왕과 귀족은

호기심의 방. 세계 각지에서 가져온 온갖 신기한 물건을 보관하고 전시하는 방이었다.

이렇게 모아 놓은 수집품을 손님들에게 보여 주며 권력을 과시했다.

17~18세기는 왕권이 강해지면서 민족 국가가 만들어지던 시기다. 왕은 제국의 우월성을 드러내기 위해 세계 각지의 진귀한 물건들을 쉴 새 없이 모았고, 수집품의 종류가 많아지자 품목별로 세분화해 각각 전시하기 시작했다. 중국과 인도 왕실의 보석과 공예품들을 모아 놓은 방도 있었고, 원숭이, 악어 같은 동물의 박제만 모아 놓은 방도 있었다. 천문학 기구들을 모은 방, 각종 항해 도구를 모은 방 등 첨단 과학에 관련된 방

도 있었다. 이처럼 항목별, 주제별로 나뉜 호기심의 방은 이후 박물관의 기원이 된다. 도자기 박물관, 카메라 박물관, 자연사 박물관 등은 중앙박물관과 달리 특정 분야의 물품만을 전시하는 곳이다. 우리나라에는 아직 이러한 박물관이 많지 않지만 점차 증가하는 추세다.

수집품들은 주인의 안목과 부를 드러냈기 때문에 사람들은 점점 더 진귀한 것을 찾았고, 급기야 살아 있는 동식물까지 수집했다. 식민지를 개척한 뒤 그 지역에서 자라는 동식물을 채집해 왕실로 가져온 것이다. 코끼리, 앵무새, 원숭이, 악어 등 특정 지역에서 사는 동물은 식민지의 광대함과 제국의 힘을 보여 주는 살아 움직이는 증거였다. 그리하여 베르사유 궁전의 뒷마당에는 동물원과 식물원이 만들어졌다.

동물원은 오대양 육대주로 뻗어 나가는 제국의 권력을 표현하기 위해 육각형으로 짓고, 여섯 개로 구역을 나눠 육대주에서 잡아 온 동물을 대륙별로 두었다. 그래서 동물원을 구경하다 보면 각각의 대륙에 있는 듯한 느낌을 주었다. 동물은 본국에서 멀리 떨어진 곳에서 데려온 것일수록 생김새가 이국적이었다. 즉 진귀한 동물이 많을수록 제국의 영토가 넓다는 뜻이었다. 동물원 한가운데는 관람용 탑을 설치해 동물원 전체를 둘러볼 수 있게 했는데, 여기에는 '프랑스가 세상의 중심에서 육대주를 다스린다.'라는 상징적인 의미가 있었다.

베르사유의 동물원은 사람도 전시했다. 엄밀히 말하면 '인간'이 아니라 '인종'을 전시했다. 당시 유럽인의 관점에서 인간은 신에 의해 창조된 생명체로서 짐승과는 확연히 다른 가장 똑똑한 피조물이었는데, 아프리카, 인도, 아시아 등의 깊은 숲 속에 사는 비문명인도 과연 같은 인간인

베르사유 궁전의 뒷마당. 원래는 지금보다 10배 정도 컸는데, 프랑스 혁명 때 대부분 파괴되고 나폴레옹 3세가 일부분만 복원했다. 여기에 동물원과 식물원이 있었을 것으로 추정한다.

지, 인간과 짐승의 중간 단계에 속하는 그 무엇은 아닌지 궁금해했다. 그래서 이들을 연구하고 조사하기 위해 동물원에 전시했다. 일본의 북해도의 아이누Ainu, 알래스카의 이누이트Inuit, 아메리카 인디언America Indian 등 당시 유럽인의 눈에 미개해 보인 이들은 동물원에서 구경거리가 되었다.

베르사유의 동물원은 현재 남아 있지 않다. 베르사유는 1789년 프랑스 혁명 때 분노한 민중에게 약탈당했는데, 그때 뒷마당도 파괴되었다.

그리고 1848년 정권을 잡은 나폴레옹 3세^{Napoleon III}가 파리 시내를 재정비하면서 베르사유 뒷마당의 정원을 일부 복원했다. 동물원이 사라지면서 '미개한 인종'이라며 잡아다가 구경거리 삼던 야만적인 풍습도 사라졌다. 다만 인간을 학문적으로 연구하던 전통은 남아 문화인류학의 기초가 되었다.

세계 각국의 박물관

르네상스 시대에 급격하게 성장한 거상의 집 팔라초는 절대왕정 시대에 와서 궁전으로 발전한다. 그리고 왕과 귀족들이 해외 각지에서 수집한 물건을 전시하며 과시욕을 채우던 호기심의 방은 왕실의 예술품 수장고가 된다. 이후 절대 무너지지 않을 것 같던 절대왕정은 프랑스 혁명으로 무너지고, 왕실의 친인척으로 구성된 귀족들은 몰락한다. 그러면서 루브르와 베르사유 궁전은 시민의 것이 된다. 박물관으로 바뀐 것이다. 이로써 과거에는 왕족과 귀족만 누리던 고급문화를 민중도 맛보게 된다.

'겨울 궁전^{Winter Palace}'이라고 불리는 러시아의 예르미타시 궁전은 베르사유 궁전보다 조금 늦게 민중의 것이 된다. 1905년 1월 9일 노동자의 권리를 청원하기 위해 모인 수만 명의 시위대가 상트페테르부르크의 예르미타시 궁전 앞 광장으로 향한다. 이들은 비무장 상태로 평화 행진을 하며 시위를 이어 갔는데 궁정의 근위대가 총을 쏴서 시위대를 진압해 수천 명의 사상자가 발생한다. 이를 '피의 일요일'이라고 한다. 이 사건을

계기로 노동자와 군대가 무력 충돌을 하면서 러시아 전역에 혁명의 불길
이 퍼진다.

　　시민군은 예르미타시 궁전의 지하 수장고까지 들어간다. 분노한 시
위대는 수장고에 가득 차 있는 동서양의 진귀한 보물들을 파괴하기 위
해 낫과 망치를 든다. 그러나 그 순간, 누군가가 외친다.

　　"손대지 마라. 모두 인민의 재산이다."

　　인민의 피와 땀으로 사들인 재산이라는 뜻과, 그 재산이 인민의 품
으로 돌아왔다는 뜻이 함축된 말이다. 결국 보물들은 파괴되지 않았고,
예술품 수장고는 예르미타시 박물관이 되어 세상에 공개된다.

러시아의 예르미타시 박물관. 1763년 세워진 뒤로 여러 번 증축되어 현재 모습에 이르렀다.
러시아 바로크 건축의 정수를 보여 주는 건물이다.

역사적으로 가장 많은 식민지를 거느린 나라는 영국이다. 대영박물
관The British Museum에 무엇이 전시되어 있는지 생각해 보면 금방 알 수 있다.
그곳의 전시품 중 70~80퍼센트는 외국에서 빼앗아 온 것들이다. 이집트
의 미라가 이집트가 아닌 영국의 대영박물관에 전시되어 있는 이유다.
이렇듯 박물관은 제국주의 국가들이 식민지에서 약탈한 미술품과 보물
을 전시하며 권력을 과시하던 수단이었다. 우리가 해외여행을 다니면서
각국에서 사온 기념품을 장식장에 모아 두고 구경하는 것처럼, 절대왕정
시대의 왕과 귀족은 궁전이라는 거대한 장식장에 식민지에서 약탈한 수
집품들을 모았다.

조선의 박물관

우리나라 박물관은 아픈 역사를 가지고 있다. 최초의 박물관은 1908년 창경궁 안에 지은 이왕가李王家박물관이다. 당시 일제는 황제국이던 조선 황실을 '일본 천황 밑에 존재하는 이씨 왕가'라는 뜻의 '이왕가'로 격하시키고 창경궁을 박물관으로 만들었다. 그리고 왕실에서 사용하던 물건을 '보물寶物'이 아니라 단순한 볼거리인 '박물博物'로 격하시켰다. 뿐만 아니라 궁 안에 식물원과 동물원을 만들면서 창경궁을 아예 창경원으로 격하시켜 버렸다. 창경원에 전시한 식물과 동물은 조선인에게 보여 주기 위한 것이 아니었다. 조선에 거주하는 일본인을 위한 것이었다. 일제는 창경궁 곳곳에 일본을 상징하는 벚나무를 심어 일본의 영토임을 보여 주려 했다.

이왕가박물관은 1969년 국립박물관오늘날의 국립중앙박물관에 통합되었고, 창경원은 한동안 동물원으로 남아 있다가 1983년 창경궁으로 복원되었다. 유럽의 박물관은 식민지에서 빼앗은 보물을 전시한 공간이었지만, 우리나라 최초의 박물관은 자국 왕실의 보물을 전시한 장소였다. 우여곡절을 겪은 창경궁은 광복 이후 민족의식을 고취하는 장소가 된다.

19세기 제국주의의 주체였던 유럽의 박물관과 식민 지배를 받은 아시아의 박물관은 구성이 조금 다르다. 우리나라의 국립중앙박물관을 생각하면 금방 이해가 된다. 국립중앙박물관 입구에 들어서면 선사 시대 유적들이 펼쳐진다. 우리가 이 땅에 얼마나 오래전부터 살아왔는지 깨닫게 한다. 그리고 고조선, 삼국 시대, 고려 시대, 조선 시대, 현대 사회의 순서로 전시가 이어진다. 국사 교과서를 입체적으로 펼쳐 놓은 듯한 구

창경궁의 식물원.

성이다. 우리나라 박물관은 우리 민족의 유구한 역사를 보여 주는 데 초점이 맞춰져 있기에 전시품 역시 우리나라 문화유산이 주를 이룬다. 반면에 프랑스의 루브르 박물관과 베르사유 박물관은 프랑스 각지에서 출토된 구석기 시대의 유물을 전시하지 않는다. 크로마뇽인의 모습을 복원한 전시품도 물론 없다.

　제국주의의 주체였던 유럽이 아시아와 아프리카에서 빼앗아 온 유물을 박물관에 전시하며 힘을 과시한 것과 달리 식민 지배를 경험한 아시아 나라들은 자국의 유물을 전시하며 우월성을 강조한다. 지금껏 다른 나라를 한 번도 침략한 적 없는 우리나라의 박물관이 그렇고, 베트남, 인도, 중국 등 식민 지배를 당한 경험이 있는 아시아 국가의 박물관들도 그러하다. 이처럼 유럽 박물관과 아시아 박물관의 구성은 완전히 다르다. 그러나 자국의 문화적 우월성과 민족 국가의 정당성을 보여 준다는 점에서 그 기능은 같다.

십자군 전쟁으로 종이와 나침반과 화약이 유럽으로 전해지면서 15세기 르네상스가 시작되었고, 이는 17세기 절대왕정 시대를 낳았다. 이탈리아의 팔라초는 영국과 프랑스로 건너가 궁전이 되었고, 호기심의 방은 왕실의 보물 수장고가 되었다. 그리고 지나치게 비대했던 절대왕정이 민중의 혁명에 의해 막을 내리면서 왕실의 수장고는 박물관이 된다. 19세기는 제국주의 시대이자 민족 국가의 개념이 확립되는 시기였다. 이 무렵 국가들은 앞다퉈 박물관을 건립했고, 이를 통해 자국의 민족성을 고취하고자 했다.

현대 감옥의 기원

현대의 교도소 건축 유형을 제안한 사람은 영국의 공리주의자 제러미 벤담Jeremy Bentham이다. 1791년 벤담이 제안한 원형 교도소 패놉티콘Panopticon은 중앙에 높은 감시탑을 두고 주변에 죄수의 방을 빙 둘러놓은 형태로, 간수 한 사람이 죄수 수백 명을 감시할 수 있는 장점이 있다.

벤담은 '최대 다수의 최대 행복'이라는 명제로 유명하다. 그는 가장 적은 노력으로 가장 높은 효과를 얻는 것을 중요하게 여겼다. 교도소 건물 역시 최소 인원의 간수로 최대 인원의 죄수를 감시하고 관리하는 데 초점을 맞추고 구상했다.

이러한 벤담의 패놉티콘은 베르사유 궁전의 동물원에서 영감을 받았을 가능성이 크다. 베르사유 동물원은 육각형의 건물을 여섯 개로 나누고 육대주에서 데리고 온 동물들을 대륙별로 나눠 격리했다. 그리고 중앙에는 모든 구역을 볼 수 있는 관람탑을 두었다. 이 동물원에 동물 대신 죄수를 두면 벤담이 구상한 교도소 건물이 된다.

벤담은 5층 정도의 원형 건물을 만들고 그 주변에 죄수의 방을 빙 둘러 설치한 뒤 중앙에 감시탑을 두고자 했다. 그러면 감시자는 죄수의 모든 행동을 낱낱이 보면서도 자신의 존재는 드러내지 않을 수 있다. 이러한 패놉티콘은 20세기 교도소 건축의 전형이 되었다.

산업을 위한 건축:
산업혁명 시대

해외여행을 다니다 보면 전 세계 공항들의 모습이 엇비슷하다는 걸 알수 있다. 하나같이 공항 로비들은 지붕을 받치는 기둥 없이 넓게 펼쳐져 있다. 그런데 이처럼 기둥 없는 공간, 즉 무주공간無柱空間을 만드는 건 과거에는 몹시 어려운 일이었다. 그리스의 파르테논 신전을 떠올려 보자. 신전 안은 거대한 지붕을 받치는 대리석 기둥들이 가득 채우고 있어 이렇다 할 공간이 거의 없다. 아름답지만 비효율적인 공간인 것이다. 반면에 공항 건물은 내부를 받치는 기둥이 없어 공간이 매우 넓다. 공항뿐만이 아니다. 기차역, 박람회장, 백화점 건물도 그렇다. 이 모든 건물은 산업혁명 이후에 나타났다.

19세기 산업혁명

19세기 영국에서 산업혁명이 서서히 일어난다. 산업혁명은 제임스 와트 James Watt가 주전자에서 물이 끓는 것을 보고 증기 기관을 발명하면서 갑자기 일어난 것이 아니다. 좀 더 근본적인 원인들에 의해 시작되었다.

영국 농촌은 16세기부터 변하고 있었다. 모직물 공업이 발달하면서 양털 값이 폭등하자 지주들은 농경지에 울타리를 치고 양을 길렀다. 곡식을 얻는 농업이 아니라 양털을 깎아서 파는 상업 농업을 시작한 것이다. 이를 '인클로저enclosure 운동'이라 한다. 이로 인해 지주들은 점차 부유해진 반면 그 땅을 경작하던 농민들은 토지를 잃고 빈농이 되었다.

이때 영국은 세계 각지에 식민지를 개척하고 있었다. 그중 가장 비옥한 인도에서 면화를 생산하면서 영국에는 본국에서 생산한 양모와 인도에서 생산한 면화가 쌓여 갔다. 원자재를 가공해 빨리 옷감으로 만들어야 했고, 예전처럼 집에 베틀을 놓고 손으로 옷감을 짜기에는 역부족이라 기계의 힘을 빌려야 했다. 이것이 산업혁명의 시초다. 혁명 초기에 실을 잣고 베를 짜는 방적기와 방직기가 발명된 것은 이 때문이다. 인클로저 운동으로 농경지를 잃은 빈농들은 일손을 필요로 하는 도시로 이동해 노동자가 된다. 이처럼 산업혁명은 면화와 양모 대량 생산, 기계 동력의 출현, 노동력의 필요, 이 3박자가 맞아떨어져 일어났다.

산업혁명으로 건축에도 많은 변화가 일어난다. 그전까지 대형 건물은 성당, 공회당, 집회소 등이 전부였는데, 기계가 등장하면서 공장이라는 전혀 새로운 건물이 지어지기 시작한다. 거대한 무주공간을 이루면서 기계들의 무게도 견뎌야 하는 공장을 짓는 데 '트러스truss'라는 신공법이 이용된다.

모든 건축의 관건은 지붕을 어떻게 받치는가 하는 것이다. 지붕이 건축에서 얼마나 중요한지는 단어의 어원만 봐도 알 수 있다. 우리말에서 '집'과 '지붕'은 어원이 같다. '지붕을 덮은 것'이 곧 집이다. 집을 뜻하는 라틴어 'domus'의 어원은 '덮다'라는 뜻을 가진 'dome'이다 오늘날에도 덮개가 있는 경기장을 돔 구장이라고 한다. 'dome'은 영국으로 건너가 'd'가 'h'로 변하면서 집을 뜻하는 영어 'home', 'house' 등으로 바뀐다.

건축은 지붕을 받치는 방식에 따라 여러 공법이 나오면서 발달해 왔다고 할 수 있다. 고대 그리스는 대리석 기둥으로 지붕을 받쳤고, 고대 로마는 궁륭 형식볼트을 이용했으며, 중세에는 버팀벽을 세웠다.

'지붕틀'이라고 번역하는 트러스는 청동기 시대부터 사용되었다. 젓가락처럼 길쭉한 막대 세 개를 삼각뿔 모양으로 세워 지붕 모양을 만든다고 생각하면 되는데, 청동기 시대의 트러스는 목재를 이용했기 때문에 지붕 크기가 작았다. 하지만 산업혁명 이후 철을 건축 재료로 사용하기 시작하면서 지붕의 규모도 커지고 떠받치는 힘도 강해졌다.

산업혁명 이전에는 철을 대량으로 생산하기가 어려웠다. 청동은 구리와 주석의 합금인데, 구리는 녹는점이 낮기 때문에 나무를 땐 불로도 충분히 녹일 수 있다. 그런데 철은 녹는점이 훨씬 높아서 고온의 연료가 필요하다. 그냥 나무를 때서는 철의 녹는점을 맞출 수가 없는 것이다. 화력을 높이려면 나무를 숯으로 만들어 수분을 없앤 뒤에 불을 때야 했기에 많은 양의 철을 가공하는 데 한계가 있었다. 그런데 18세기에 석탄을 연료로 사용하면서 철을 대량 생산할 수 있게 된다. 그러면서 철을 건축 재료로 쓰기 시작했고, 철제 트러스를 개발해 대형 공간을 만든다.

산업혁명은 철도의 발달과도 관련이 깊다. 인도에서 생산한 면화와 영국 농촌에서 생산한 양모를 공장에서 가공하려면 원재료 생산지와 가공 공장을 오가며 물자를 수송해야 했고, 이는 결국 철도의 발달로 이어졌다. 석탄을 땐 열로 물을 끓이고 수증기로 엔진을 돌리는 증기 기관차가 등장해 영국 전역을 달리면서 철교도 가설되었다. 그전까지 다리라고는 로마 시대에 식수를 공급하기 위해 세웠던 수도교밖에 없었다.

산업혁명 초기의 기관차들은 영국의 공업 도시들을 오가는 화물 수송용 차량이 주를 이루었지만, 시간이 지나면서 여행객도 실어 나르기 시작한다. 그러면서 역사驛舍 건축이 발달한다. 기차역은 기차와 사람,

위 1900년 프랑스 파리에 지어진 오르세 기차역(Gare d'Orsay).
철제 트러스를 이용해 거대한 실내 공간을 만들었다.
아래 오르세 기차역은 1986년 미술관(Musée d'Orsay)으로 재탄생한다.

물류가 오가는 거대 동선을 소화해야 하는 대형 건물이기에 철제 트러스를 이용해 지었다.

건축가는 이전에 존재하지 않던 새로운 유형의 건물이 등장하면 그 형태를 어떻게 할 것인지 많은 고민을 하게 된다. 기차라는 교통 기관이 발명됨에 따라 새롭게 나타난 기차역을 지을 때도 마찬가지였다. 초기에는 고대의 대형 건물을 참고해 지었다. 그리스의 신전, 로마의 대중 목욕장, 중세의 성당 등을 모방해 짓기도 했다. 그러면서 점차 기차역 특유의 형태가 완성되어 갔다. 이렇게 만들어진 크고 둥근 원통형의 기차역 건축은 20세기의 공항 건축에도 영향을 미친다.

영국의 박람회

19세기 영국은 '세계의 공장'이었다. 면직물과 모직물뿐만 아니라 공산품도 창고에 쌓여 갔다. 영국 국민이 다 쓰고도 남을 만큼 많은 양이었다. 산업혁명 이전에는 일상용품을 자급자족했다. 예를 들어 4인 가족이 여름옷, 겨울옷, 봄가을옷을 한 벌씩 새로 마련한다고 치면 1년에 열두 벌인데, 산업혁명 이전에는 이렇게 필요한 양을 계산한 뒤에 1년 동안 베를 짜서 열두 벌치의 옷감을 생산하고 옷을 만들어 입었다. 그런데 공장이 등장하면서 1년에 120벌의 옷을 만들 옷감이 생산되기 시작한다. 생산량이 수요량을 한참 넘어선 것이다. 과잉 생산된 옷감들을 영국에서 다 소비할 수 없다면 외국으로 수출해야 했다.

그때까지 국가 간의 수출과 수입은 대부분 한쪽 나라에서 생산되지 않는 물품을 대상으로 했다. 인도산 상아, 중국산 도자기와 비단 등이 대표적인 품목이었다. 그런데 옷감은 영국뿐 아니라 다른 나라에서도 생산하는 품목이었다. 이런 상황에서 옷감을 수출할 방법은 하나였다. 영국의 옷감이 질도 훨씬 좋고 값도 싸다는 것을 광고하는 것이다. 그러려면 다른 나라의 손님들에게 물품을 직접 보여 줘야 했다. 그리하여 세계 최초의 만국박람회, 엑스포Expo가 1851년 영국 런던에서 개최된다.

박람회를 하려면 많은 사람을 수용하면서 물품도 전시할 수 있는 공간이 필요하다. 또한 일정 기간이 지나면 철수해야 한다. 거대한 건물을 짧은 시간 안에 짓고, 또 짧은 시간 안에 허물어야 하는 것이다. 이는 그때까지 아무도 생각해 본 적 없는 건축이었다. 선사 시대의 스톤헨지를 비롯해 이집트의 피라미드, 그리스의 신전, 로마의 원형 경기장, 중세의 성당과 근세의 궁전까지, 대형 건물은 계속 지어져 왔지만 빠른 시간 안에 서둘러 지은 건물은 없었다. 대개 10년 이상 장기간에 걸쳐 지었고 계속 그 자리를 지켰다. 그런데 만국박람회 건물은 조금 달랐다. 대형 건물을 3~4개월 안에 지어야 했다.

이번에도 신공법이 개발되었다. 유리와 철을 이용해 정원 온실 같은 건물을 지은 것이다. 산업혁명으로 유리와 철이 대량 생산됐기에 가능한 일이었다. 이 기술은 정원사로 일하던 조셉 팩스턴Joseph Paxton이 온실과 잎맥의 구조에서 아이디어를 얻어 개발했다. 유리와 철골로만 만들어진 이 건물은 크리스털 팰리스crystal palace, 즉 '수정궁'이라 불렸다.

석재나 콘크리트로 지은 대형 건물은 창문이 작아서 대낮에도 실내

최초의 박람회장인 수정궁의 밖과 안. 1936년 화재로 사라져 현재는 남아 있지 않다.

가 어두웠는데, 유리로 지은 박람회장은 태양광이 그대로 들어왔기에 실내도 실외와 다를 바 없이 밝고 전시품들도 잘 보였다.

영국의 만국박람회는 3개월 만에 지은 이 건물에서 성공리에 막을 내렸다. 허물지 않고 두었던 수정궁은 안타깝게도 1936년 화재로 사라져 현재는 남아 있지 않지만, 이후 현대 건축에 많은 영향을 미쳤다. 이 기술은 오늘날에도 밝은 공간이나 탁 트인 공간을 만들 때 쓰인다. 대형 쇼핑몰, 공항 등은 주로 이 방식을 이용해 짓는다.

영국은 전통을 중요하게 여기는 나라로 유명하다. 고풍스러운 석조 건물들이 들어찬 곳에 불쑥 나타난 수정궁은 당시 영국인의 눈에 이질적으로 보였을 것이다. 그래서 악평도 많았다. "철과 유리의 승리"라며 호평하는 이도 있었지만, 고전 양식 옹호자들은 "유리로 만든 바보짓", "유리 괴물"이라 불렀다. 그전까지 건축은 미술을 배운 건축가들이 디자인했기 때문에 우아하고 조형적인 아름다움을 추구했다. 그런데 수정궁은 온실을 만들던 정원사가 아이디어를 내고 철제 다리를 만들던 구조 기술자가 공학적으로 계산해서 지은 건물이었다. 당시 사람들에게 미학적, 조형적 요소 없이 철과 유리로만 만든 건물은 매우 낯설게 느껴졌을 것이다. 수정궁은 19세기보다 당시에는 아직 다가오지 않은 미래, 즉 20세기에 어울리는 건물이었다. 어쨌든 유리와 철이라는 신소재로 건물을 짓는다는 새로운 발상은 인정받았고, 많은 건물에 영감을 주었다.

그로부터 약 40년이 지난 1889년 3월 31일, 프랑스에도 괴물 같은 건물이 들어선다. 바로 에펠탑Eiffel Tower이다. 에펠탑은 프랑스 파리에서 개최한 만국박람회의 정문 역할을 하는 상징탑으로 지어졌다. 프랑스는 만국박람회를 열어 프랑스의 과학 기술과 산업이 얼마나 발달했는지를 세계에 알리고 국력을 과시하고자 했다. 만국박람회 기간에 당시로서는 신기술이라 할 라디오 방송도 했는데, 에펠탑은 송신탑 역할도 했다.

수정궁의 경우처럼 에펠탑의 설계자도 건축가가 아니었다. 에펠탑을 만든 사람은 알렉상드르 구스타브 에펠Alexandre Gustave Eiffel로, 교량 구조 설계자였다. 그는 1만 5000개의 철골 부재部材, 구조물의 뼈대를 이루는 재료를 250만 개의 리벳rivet, 철골 부재를 조립하는 데 쓰는 못으로 고정시킨 거대한 구조물을 만들었다. 당시 에펠탑에 쏟아진 평가는 신랄했다. "역사와 전통을 자랑하는 도시 파리에 들어선 가장 흉악한 괴물"이며, "에펠탑이 파리에 서 있다는 것 자체가 참극"이라고 표현하기도 했다. 심지어 소설가 에밀 졸라Emile Zola를 비롯한 몇몇 지식인은 박람회가 끝나면 허물어 버려야 한다고 주장하기도 했다.

그러나 결국 에펠탑은 파리를 대표하는 상징물이자 전 세계인의 사랑을 받는 구조물이 되었다. 시대를 앞서간 혁신적인 건물은 당대에 인정받기 어렵다. 그러나 시간이 지나면 그 진가를 발휘해 많은 건물에 영감을 준다. 산업혁명기에 지어진 철제 건물들이 그러했다. 19세기에는 별로 인정받지 못했지만 20세기 중반 이후에는 철제 건물들이 본격적으로 지어지기 시작한다. 물론 그렇게 되기까지는 좀 더 기다려야 했다.

프랑스의 백화점

유럽 문화는 크게 라틴 문화와 게르만 문화로 나뉜다. 프랑스, 이탈리아,

프랑스 파리의 에펠탑. 아무런 장식 없이 뼈대만 앙상하게 드러나 있는 이 구조물을 보고 수많은 파리 시민이 경악했다.

스페인 등 남유럽은 라틴 문화권이고, 영국, 독일 등 북유럽은 게르만 문화권이다. 라틴 문화권은 로마 제국의 직접적인 영향권에 있던 나라들이고, 게르만 문화권은 로마 제국의 영향권에서 약간 벗어나 있던 나라들이다. 프랑스와 영국은 각각 라틴 문화와 게르만 문화를 대표한다.

산업혁명으로 과잉 생산된 물품을 처분하기 위해 고민한 나라는 영국만이 아니었다. 영국은 박람회를 개최해 이 문제를 해결하려 한 반면, 프랑스는 조금 다른 방법을 썼다. 당시 영국은 '세계의 공장'이라고 불렸고, 프랑스는 '세계의 백화점'이라 불렸다. 즉 생산의 중심이 영국이라면 소비의 중심은 프랑스였던 것이다. 유럽에서 가장 먼저 백화점이 등장한 곳도 프랑스였다.

백화점은 이전에는 존재하지 않던 새로운 판매 방식을 선보였다. 오늘날 많은 사람은 시내에 나갔다가 시간이 남으면 백화점에 가서 이것저것 구경을 하며 아무것도 사지 않고 나오기도 한다. 그래도 아무도 뭐라고 하지 않는다. 무엇이 꼭 필요해서 간다기보다는 새로운 물건을 구경하기 위해 백화점에 가는 경우도 많다. 하지만 19세기 이전에 이런 일은 상상도 할 수 없었다. 당시의 상점은 제조와 판매가 분리돼 있지 않았다. 그래서 장인의 집이 공방이자 상점인 경우가 많았다. 유럽 장인의 집은 대개 3~4층으로 이루어져 있었다. 1층 앞쪽은 상점이고 뒤쪽은 공방이었다. 2층과 3층은 가족이 사는 공간이고, 4층은 상점 주인을 도우며 일을 배우는 조수들의 숙소였다. 그래서 이런 곳에 방문하려면 예약을 해야 하는 경우가 많았다. 아무 때나 방문해서 마음대로 가게를 둘러본 뒤 아무것도 사지 않고 그냥 나간다는 것은 큰 실례였다.

또한 장인은 자신이 만든 물건만 팔았기 때문에 모자 가게에서는 모자만, 양산 가게에서는 양산만 팔았다. 그렇기에 상점에는 그 물건이 꼭 필요한 사람이 와서 그것만 사고 나갔다. 그런데 생산과 판매가 분리되면서 여러 가지 물건을 갖다 놓는 상점이 등장했다. 이를테면 모자와 양산을 함께 파는 것이다. 그러다 보니 모자를 사기 위해 방문했다가 양산까지 사 가는 경우도 생겼다. 마음에 드는 모자가 없으면 그 옆에 놓인 장갑을 사 가기도 했다. 충동구매를 하는 것이다. 판매하는 품목이 많을수록 충동구매할 가능성은 높아졌다. 그리하여 '백 가지 물건을 파는 가게', 백화점百貨店이 등장한다.

1851년 프랑스 파리에 모자, 장갑, 양산을 비롯해 가방, 지갑, 손수건, 스카프, 구두 등 '잡화'를 판매하는 백화점이 최초로 등장한다. 프렝탕 백화점Au printemps과 봉마르슈 백화점Le Bon Marché이다. 영국에서 최초의 만국박람회가 열리던 해에 프랑스에서는 최초의 백화점이 나타난다.

백화점은 소비를 촉진시키는 데 목적이 있다. 양산을 사러 온 사람이 정말로 양산 하나만 사 가지고 나가게 하지 않는 것이다. 모자든 손수건이든 미처 생각지 못한 물건까지 사도록 만들어야 한다. 그래서 충동구매 전략을 쓴다. 비슷한 품목들을 모아 놓는 데서 나아가 기간 한정 할인 판매로 더 많은 충동구매를 유도한다. 정말 가지고 싶었지만 비싸서 못 산 물건이 80퍼센트 할인된 가격으로 팔리는 걸 보면 더 사고 싶어질 거라는, 소비자의 심리를 노린 전략이다. 백화점이 계절마다 할인 이벤트를 하는 이유다.

백화점은 많은 면에서 박람회와 닮아 있다. 박람회가 주제를 정해

프랑스의 프렝탕 백화점. 1851년 개장한 최초의 백화점이다. 160여 년이 지난 지금도 영업 중이다.

놓고 관련 물품들을 전시하듯, 백화점도 주제를 정해 놓고 관련 상품들을 할인 판매한다. 주제는 거의 매달 바뀐다. 1월은 신년, 2월은 밸런타인, 3월은 졸업과 입학, 4월은 결혼과 혼수 용품, 5월은 가정의 달, 6월은 여름 준비, 7월과 8월은 여름휴가, 9월은 추석, 10월은 가을, 12월은 크리스마스다. 11월만 이렇다 할 이벤트가 없는데, 그래서 이때 백화점 개점 기념 할인 이벤트를 하곤 한다. 오늘날 대형 백화점의 개점 기념일이 주로 11월에 몰려 있는 건 이 때문이다.

　소비를 촉진시키는 프랑스만의 방법이 또 있었다. 바로 '유행의 창조'다. 예전에는 옷값이 비싸 한번 사면 몇 년에 걸쳐 오래 입었다. 그리고 낡고 해져서 못 입을 정도가 돼야 새 옷을 장만했다. 그런데 유행이라는 새로운 풍조가 생기면서 낡아서가 아니라 유행이 지나서 못 입는 옷들이 생겼다. 유행이 바뀔 때마다 새 옷을 사게 된 것이다. 당시 영국에는 '젠트리Gentry'가, 프랑스에는 '부르주아지Bourgeoisie'라는 신흥 중산층이 갓 등장한 터였다. 귀족은 아니지만 부유하고 세련된 취향을 가진 이들에게 백화점은 소비문화의 견인차 역할을 했다. 백화점 회원으로 등록하면 매해 계절이 바뀔 때마다 할인 기간 안내문을 받을 수 있었는데, 이런 식으로 백화점은 중산층의 생활양식을 이끌었다. 오늘날에도 크게 다르지 않다.

우리는 작년에도 옷을 샀고 올해에도 옷을 산다. 유행이 바뀌었기 때문이다. 또한 특별히 사야 할 물건이 없어도 어떤 물건을 싸게 파는지 알아보기 위해 백화점에 가고, 필요하지 않지만 값이 싸다는 이유로 물건을 구입하기도 한다. 그러고는 언젠가 쓸 일이 생길 거라며 보관한다. 구경하고 다니다가 생각지도 못한 물건을 사기도 한다. 이는 모두 충동구매다.

백화점은 산업혁명으로 과잉 생산된 물건을 팔기 위해 설치한 거대한 무대였다. 그리고 이 무대를 더 효과적으로 작동시키기 위해 몇 가지 장치들을 이용했다. 우선 실내를 미로처럼 복잡하게 구성해 동선을 길게 만들었다. 백화점은 소비자가 필요한 물건만 사고 가 버리는 것을 결코 허용하지 않는다. 그래서 모자 하나를 사도 여기저기 돌아다닐 수밖에 없게 만든다. 돌아다니는 동안 다른 물건들을 구경하게 해서 결국 생각지도 못한 물건을 사게 만드는 것이다. 또 목이 마르거나 배가 고파서 밖으로 나가는 일이 없도록 백화점 안에 카페와 식당을 마련해 두었다. 당시 백화점에는 창도, 시계도 없었다. 창이 없으면 소비자들이 물건에 더욱 집중하게 되고, 시계가 없으면 시간이 얼마나 지났는지 몰라 백화점에 계속 머무르게 되기 때문이다. 뿐만 아니라 물건을 산다는 것은 노동으로 힘들게 번 돈을 소비하는 행위이기 때문에 무의식중에 죄책감을 유발하는데, 이 고통을 잊게 만들기 위해 백화점 실내를 축제 같은 분위기로 떠들썩하게 꾸민다.

박람회가 물품을 수출하기 위해 만든 장치였다면, 백화점은 내수 소비를 위한 장치였다. 오늘날에도 백화점에는 박람회에서 사용하던 몇 가지 장치가 남아 있다. 공간을 사선으로 가로지르는 에스컬레이터, 입구에서부터 시선을 끌어당기는 화려한 실내 장식, 공간을 실제보다 넓어 보이게 하는 거울과 유리 등이 그것이다.

중세에 대형 건물은 성당이 유일했지만 산업혁명이 일어나면서 새로운 건물들이 다양하게 등장하기 시작했다. 공항, 기차역, 박람회장, 백화점 등 오늘날 우리가 일상적으로 사용하는 건물은 모두 산업혁명기에 등장한 것들이다.

프랑스 혁명은 왕족과 귀족을 붕괴시키고 부르주아지라는 새로운 중산층을 탄생시켰다. 이들은 기차를 타고 여행을 다녔고, 백화점에서 쇼핑을 했다. 이 무렵 영국에도 새로운 계층이 등장한다. 인클로저 운동으로 토지를 잃고 떠돌다가 도시로 들어가 공장에서 일하게 된 이들, 바로 노동자 계층이다. 얼마 지나지 않아 이들을 위한 건축도 등장한다.

봉마르슈 백화점의 실내 모습(1875년). 공간을 사선으로 가로지르는 계단, 화려한 실내 장식 등 오늘날까지 이어져 오고 있는 백화점의 전형적인 장치들이 눈에 띈다.

백화점 층별 구성의 비밀

백화점 구성은 어느 곳이나 비슷비슷하다. 1층은 화장품과 보석, 2층은 여성복, 3층은 여성 캐주얼, 4층은 남성복, 5층은 아동복과 스포츠 용품, 6층은 생활가전 제품, 7층은 가구와 이불, 그리고 8층은 문화센터와 식당 등이다. 이렇게 구성하는 이유는 무엇일까.

백화점은 상품을 판매하는 곳이므로 층별 구성에도 이윤을 따진다. 평당 매출 이익에 따라 층을 나누는 것인데, 이익이 큰 상품일수록 낮은 층에 배치한다. 부피가 작고 값비싸 평당 매출 이익이 높은 상품은 1층에 놓고, 부피가 커서 평당 매출 이익이 낮은 상품은 위층으로 올리는 것이다. 그래서 1층에는 화장품, 보석, 시계, 명품 등을 두고, 옷장, 침대, 텔레비전, 냉장고, 이불, 카펫 등 부피에 비해 가격이 비교적 낮은 상품들은 위층으로 올린다.

그렇다면 문화센터와 식당은 왜 8층에 있는 것일까? 쇼핑 계획 없이 문화센터나 식당만 들르는 사람도 8층까지 올라가는 동안이나 1층으로 내려오는 동안 상품들을 구경하고 충동구매를 하게 만들려는 것이다. 이처럼 백화점 위층에 마련된 이벤트에 참여한 소비자가 아래층으로 내려오면서 상품을 구매해 매출이 늘어나는 것을 '샤워 효과shower effect'라고 한다.

물론 이런 구성도 지역에 따라 조금씩 다르게 나타난다. 강남의 부촌에 위치한 고급 백화점은 1층에 명품 매장들이 입점해 있어 공항의 면세점 같은 느낌을 준다. 반면에 명동이나 신촌 등 젊은이들이 주로 이용하는 지역의 백화점에는 1층에 화장품, 캐주얼 의류, 패션 시계와 액세서리 등이 입점해 있다. 어쨌거나 백화점 1층에는 가장 잘 팔리는 효자 상품을 진열하는 것이다.

민중을 위한 건축:
현대

오늘날에는 아파트 숲을 흔하게 볼 수 있다. 사람들에게 어떤 집에서 사느냐고 물어보면 대부분 아파트라고 대답한다. 어느새 아파트는 가장 대중적인 주택이 되었다. 신문과 뉴스에는 아파트 값이 내렸느니 올랐느니 하는 이야기가 수시로 나온다. 정부에서 추진하는 임대 주택, 행복 주택도 모두 아파트로 지어진다. 정부에서 주택 문제를 해결하기 위해 선택한 주택 양식 역시 아파트인 것이다.

사실 아파트는 우리나라 고유의 주택 양식이 아니다. 아파트가 한국에 상륙한 것은 20세기로, 비교적 짧은 역사를 가지고 있다. 그렇다면 아파트는 과연 언제 어디에서, 어떻게 생겨난 걸까.

노동자 집단의 등장

산업혁명은 거대한 노동자 집단을 탄생시켰다. 18세기부터 시작된 인클로저 운동과 산업 영농으로 농지를 빼앗긴 농민이 도시로 이동해 노동자가 된 것이다. 산업 영농이란 수작업에 의존하는 전통 농업과 달리 농기계를 이용해 공정별로 분업하는 농업을 말한다. 일손을 덜어 준다는 장점이 있지만 그만큼 적은 인원만을 필요로 하기에 많은 농민이 일자리를 잃었다. 반면에 산업 영농을 하는 농장 주인은 점차 부유해졌다. 이들은 도시의 젠트리신사에 대응하는 농촌의 요먼리Yeomanry, 향사로 성장한다.

18세기 영국은 계층이 분화되고 있었다. 중세에는 최상위 계층인 왕과 귀족공작, 후작, 백작, 자작, 남작 아래 기사와 성직자라는 중간 계층이 있고, 나

머지는 모두 농민이었다. 그런데 1688년 **명예혁명**제임스 2세의 폭정에 불만을 품은 의회

가 제임스 2세를 폐위하고 윌리엄과 메리 부부를 왕위에 올린 사건이 일어나면서 왕과 귀족의 지위가

하락하고, 중간 계층인 성직자와 기사의 권위도 낮아진다. 이때 새로운

계층으로 떠오른 것이 대지주인 젠트리와 자영 농민인 요먼리다. 지방의

부농인 이들은 많은 토지를 소유했는데, 젠트리는 약 3000에이커를, 요

먼리는 약 1000에이커를 가지고 있었다. 귀족 중에서 지위가 가장 낮은

남작과 준남작이 약 1만 에이커의 토지를 소유했으니, 젠트리는 상당히

부유한 축에 속했다. 젠트리는 그들의 근거지인 농촌을 벗어나 런던으로

이동하여 도심의 신흥 중산층이 되었고, 요먼리는 시골 지주로 만족하며

읍내에서 여관이나 역마차 사업 등에 종사했다. 젠트리 계층의 남성을

젠틀맨Gentleman, 요먼리 계층의 남성을 굿맨Goodman이라 불렀다.

　　한편 식민지 개척과 산업혁명으로 큰돈을 벌어 족보를 위조하고 귀

족을 사칭하는 이들도 생겨났다. 토머스 하디Thomas Hardy의 소설 《테스Tess

of the D'Urbervilles》에는 18세기 영국 농촌의 이러한 혼란상이 선명하게 그려

져 있다. 가난한 집안의 큰딸 테스는 귀족의 후손이라는 생각에 사로잡

힌 부모 때문에 먼 친척이라는 귀족 집안 더버빌가로 일자리를 구하러

간다. 테스는 우여곡절 끝에 더버빌가를 나오고, 목장에 취업해 소젖 짜

는 일을 한다. 곡식 농사보다 목축이 성행하고 그나마 남은 곡식 농사에

도 기계를 쓰는 바람에 농민을 필요로 하는 곳이 줄면서 목장에서 일하

게 된 것이다.

　　19세기에 새로운 일자리를 찾아 농촌을 떠나 온 농민들이 정착한

곳은 도시의 공장 지대였다. 리버풀, 버밍엄, 맨체스터 등 영국 전역에 신

홍 공업 도시가 생기기 시작했고, 인구도 급증한다. 1800년 런던 인구는 약 90만 명으로, 인구 10만 명이 넘는 대도시는 런던이 유일했다. 하지만 1850년에는 리버풀 인구가 39만 명, 맨체스터는 33만 명, 버밍엄은 26만 명에 이른다. 거대한 도시들이 50년 사이에 우후죽순처럼 생겨난 것이다. 이때 런던 인구는 무려 250만 명에 이른다. 급격하게 성장한 이 도시들은 심각한 주택난을 겪게 된다.

농경지를 기반으로 하는 농촌은 농지 한편에 주택을 지으면 되기 때문에 주택난이 일어나지 않는다. 그러나 공장 지대는 단위면적당 인구 밀도가 높아서 주택난이 발생할 수밖에 없다. 공장을 한 채 세우고 500명의 사람을 고용할 경우 공장 옆에는 500채의 집을 지어야 하고 4인 가족 기준으로 2000명이 생활할 편의시설을 갖춰야 한다. 공장 한 채는 한 번에 지어 올릴 수 있어도 500채의 집을 한 번에 짓는다는 것은 쉬운 일이 아니다. 그렇기에 주택난은 필연적이었다. 특히 이 시기의 공장들은 수력 발전에 의존하고 있었고 화력 발전이라 해도 원자재와 완제품의 수송에 선박을 이용했기 때문에 대부분 강가에 있었다. 기반시설 하나 없이 강가에 덩그렇게 자리한 공장으로 몰려든 수많은 노동자와 그들의 가족은 참담한 생활을 할 수밖에 없었다.

이처럼 주택이 부족했기 때문에 많은 사람이 남의 집에 세 들어 살았고, 대개 방 한 칸에 한 가족이 살았다. 영국의 주택에는 석탄 창고와 헛간으로 사용하는 지하실이 있는데, 이 지하 창고와 헛간을 개조해 셋방으로 만드는 경우가 많았다. 인류 역사상 지하 셋방이 처음 등장한 것이다. 지하 셋방은 햇빛이 잘 들지 않아 축축하고 습기가 차서 건강에 해

19세기 영국 노동자의 생활은 열악했다. 지하 창고와 헛간을 개조해 만든 단칸방에서 한 가족이 살았다.

로웠다. 특히 폐결핵에 치명적이었다. 화장실과 욕실이 부족했기에 위생 상태도 나빴고, 주방이 따로 마련돼 있지 않아 방 한편에 화로를 놓고 음식을 조리했기에 화재 위험도 컸다. 농촌 인구의 특성상 자녀를 많이 낳아 길렀는데, 한 집에 네댓 명의 자녀가 있는 것은 보통이었다. 이렇게 많은 가족이 단칸방에 사니 주거 환경은 열악할 수밖에 없었다. 집은 콜레라와 페스트 같은 전염병의 온상이 되었다. 주거 환경 때문에 사람이 죽는, 심각한 문제에 부딪힌 것이다. 영국 정부는 1870년대에 건축 조례를 만들어 시내에 짓는 주거 건축에 국한해 몇 가지 법칙을 지키도록 했다.

가장 먼저, 시민들이 일조권을 보장받을 수 있게 했다. 당시에 가장 심각한 질병은 햇빛이 들지 않는 음습한 공간에서 감염되기 쉬운 폐결핵이었다. 정부는 폐결핵을 예방하기 위해 매일 채광 시간을 보장했고, 지하 주거를 금지하여 모든 세대가 골고루 햇빛을 받게 했다. 오늘날에는 일조권을 전망이나 조망권 정도로 생각하지만 19세기 영국에서는 생명과 직결된 중요한 문제였다. 또한 공동 화장실을 8가구당 하나씩 갖추도록 했다. 마당 한가운데에는 공동 우물도 두었다. 이처럼 영국 정부가 건축 조례에서 가장 주의를 기울인 것은 폐결핵 예방을 위한 일조권 보장과 전염병 예방을 위한 위생 기준이었다.

건축 조례에 따라 지은 주택은 '로우하우스row house'라고 불렀다. 이후 '타운하우스town house'로 발전하는 이 노동자용 주택은 오늘날의 연립 주택이나 빌라와 비슷한 형태다. 2~3층짜리 주택이 벽을 공유하면서 빽빽이 맞붙어 있는 구조로, 1층에는 주방 겸 식당 겸 거실이, 2층에는 2개의 침실이 있었다. 18~24평 정도의 소형 아파트에 해당한다. 3층으로 지어 침실을 3개 두거나 응접실이나 식당을 따로 갖추어 놓는 집도 있었다. 로우하우스들이 빽빽하게 도시를 덮은 모습은 아파트 숲이 도시를 뒤덮은 요즘과 비슷했다.

한편 도시의 인구 밀도가 높아지면서 소음, 공해 등의 문제가 발생해 주거 환경이 점차 나빠졌다. 그러면서 혼잡한 도심 대신 교외에 집을 마련하는 중산층이 생겨났다. 오늘날 아파트 숲으로 변한 도심을 빠져나와 교외 전원주택에서 사는 것과 비슷한 일이 19세기 런던에서도 벌어진 것이다. 전원에서 도시로 출퇴근하는 건 마차를 소유한 중산층만이

영국 정부의 건축 조례를 기준으로 지은 로우하우스.

가능했다. 그리하여 도심의 계층은 공장 근처의 로우하우스에 사는 노동자들과, 전원주택에 살며 마차를 타고 출퇴근하는 중산층으로 나뉘기 시작했다.

영국의 산업혁명이 유럽으로 확산되면서 유럽에서도 비슷한 현상이 일어났다. 노동자들의 주택인 로우하우스도 유럽으로 퍼져 나갔다. 특히 독일과 프랑스는 영국의 사례를 본받아 6~7층짜리 노동자용 아파트를 지었다. 당시로서는 고층이었으나 인구 밀도가 워낙 높아 유럽 역시 주거 환경은 그리 좋지 않았다. 게다가 유럽은 단독 주택의 전통이 강했다. 성냥갑 같은 아파트는 유럽인에게 낯설었고, '노동자 주택'이라는 인상을 강하게 남겼다.

이러한 현상은 19세기 유럽을 넘어 20세기 미국으로 이어졌다. 미국 드라마나 영화 속에서 중산층은 대개 교외의 전원주택에서 살고, 빈민은 도심의 아파트에 산다. 이처럼 아파트는 일자리를 찾아 도시로 몰려든 노동자를 위한 주거에서 발전했기 때문에 아직도 유럽과 미국에서는 노동자용 주거 공간이라는 인식이 강하다.

고층 아파트의 출현

영국에서 근대 아파트의 초기 유형이 등장했다 하더라도 그것은 2~3층짜리 저층이었고 1층부터 3층까지 한 세대가 사용했기에 오늘날의 아파트와는 달랐다. 아파트의 가장 큰 특징은 고층의 대단지로 지어진다는 점인데, 이러한 특징을 가지게 된 데는 20세기 프랑스의 건축가 르코르뷔지에Le Corbusier의 영향이 컸다.

현대 건축에 가장 많은 영향을 끼친 건축가 중 한 사람인 르코르뷔지에는 '녹지 위의 고층 주거Tower in the park' 개념을 고안했다. 그에 따르면 땅이라는 것은 누가 점유하는 것이 아니라 공공의 소유여야 한다. 그런데 개인이 마당 딸린 단독 주택을 지으면 그만큼의 땅을 개인이 점유하는 것이 된다. 그리고 모두가 이런 일을 한다면 지구상의 모든 땅은 개인의 점유지가 되어 공공용지公共用地. 공공건물이나 공공시설을 세우는 땅가 부족하게 된다. 르코르뷔지에는 이 문제를 해결하기 위해 고층 주거를 지어야 한다고 주장했다.

예를 들어 보자. 1만 평의 땅을 가진 어느 마을에 100가구가 산다면 이 마을에는 100채의 집이 필요하다. 모든 가구가 100평짜리 주택을 짓는다고 가정할 때 100가구가 마당 딸린 단독 주택을 지으면 1만 평의 마을 땅은 모두 개인을 위한 주택지가 된다. 그러나 5층짜리 연립 주택 20채를 지으면 개인 주택지로 2000평을 쓰고 8000평이 남는다. 남는 땅에는 공원, 학교, 도서관, 수영장, 체육관과 같은 공공시설을 만들어 주민 모두가 사용할 수 있다. 10층짜리 아파트 10채를 지으면 9000평의 땅이 마을 주민에게 돌아가고, 20층짜리 고층 아파트 5채를 지으면 9500평의 땅을 공공시설로 이용할 수 있다. 이처럼 단독 주택이 아닌 고층 아파트를 짓고 나머지 공간은 녹지로 만들자는 것이 녹지 위의 고층 주거의 기본 원리다.

그런데 건물을 지상에서 완전히 띄울 수만 있다면 1만 평의 공간은 온전히 공공의 영역이 된다. 어떻게 하면 건물을 지상에서 완전히 띄울 수 있을까. 필로티Pilotis를 사용하면 된다. '건축의 기초를 받치는 말뚝'이라는 뜻으로, 건물 1층에 기둥을 세우고 2층부터 방을 짓는 방식이다.

이 모든 아이디어를 실제로 구현한 것이 1952년 프랑스의 항구 도시 마르세유에 지은 '유니테 다비타시옹Unité d'Habitation'이다. 1920~30년대에 르코르뷔지에가 발표한 녹지 위의 고층 주거 개념은 너무 혁신적이어서 그 당시에는 실제로 짓지 못했지만 1940년대 2차 세계대전이 끝난 뒤 주택 부족 문제가 심각해지면서 실현되었다. '주거 집합' 혹은 '집합 주택'으로 번역되는 유니테 다비타시옹은 작은 유닛들로 이루어진 17층짜리 건물로, 독신자부터 6인 가족까지 다양한 가구가 살 수 있는 23가지 공간

프랑스 마르세유의 유니테 다비타시옹. 현대 고층 아파트의 효시다.

으로 구성되어 있다. 350가구가 살 수 있고, 7~8층에는 식료품점, 카페, 미용실, 꽃집, 우체국 등의 편의 시설이 있다. 이 건물은 지상의 모든 공간을 공공용지로 이용한다는 원래 취지에 맞게 필로티로 지어졌다. 당시 건축가들은 열광했지만 일반인들은 심한 거부 반응을 보였다. 17층 높이의 건물에 사람이 산다는 것이 낯설었기 때문이다.

유니테 다비타시옹은 항만 노동자와 선원들을 위한 집으로 계획되었다. '아파트는 노동자들의 주택'이라는 유럽 사회의 인식이 작용한 것이었다. 땅이 넓지 않아 주택 내부는 좁았지만 인체 치수를 계산해 섬세하게 설계되었다. 또한 옥상에는 놀이터와 수영장을 만들어 어린이들이 이용할 수 있게 했다. 옥상을 생활공간으로 사용하는 것은 르코르뷔지에에게서 처음 나온 아이디어다. 세상을 바꾼 혁신적인 아이디어였지만 모든 혁신이 그러하듯 초기에는 비난받았고, 20~30년이 지나서야 비로소 보편화되었다.

유니테 다비타시옹의 정신은 현대의 아파트에 큰 영향을 주었다. 1950년대에는 초고층이었을 17층 건물은 1970~80년대 평균적인 아파트의 높이가 된다. 또한 유니테 다비타시옹 안의 각종 상점들은 아파트 단지 안의 상가로 발전한다. 고층 아파트와 아파트 상가, 그것은 르코르뷔지에의 유니테 다비타시옹에서 처음 시도된 일이었다.

르코르뷔지에와 조금 다른 차원에서 아파트의 유용함을 주장한 사람도 있었다. 그가 말한 것은 고층 아파트와 같은 수직적 집합 주거가 아닌, 대단지 집합 주거였다.

대단지 아파트

오늘날의 아파트는 대단지를 이루지만 초기의 아파트들은 그렇지 않았다. 유니테 다비타시옹 역시 한 개 동이었고 수용 인원 역시 350가구에 불과했다. 그런데 1923년 미국의 도시계획가 클래런스 페리^{Clarence Arthur Perry}가 더 많은 인원을 수용하는 대단지 아파트의 개념을 제시한다.

1920년대는 자동차가 대중화되던 시기다. 자동차 덕분에 빠르고 간편하게 이동할 수 있게 되었지만 그로 인해 교통사고의 위험성도 커졌다. 오늘날에도 전쟁으로 사망하는 사람보다 교통사고로 사망하는 사람이 더 많을 정도다. 이제는 너무나 익숙해서 둔감해졌지만, 자동차가 대중화되던 당시에 어린이나 노약자가 집 앞에서 자동차에 치여 사망할 수 있다는 사실은 큰 충격이었다. 마차를 타거나 걸어 다니던 시절에는 마차에 탄 사람과 보행자가 소통할 수 있었지만 자동차는 주행 속도가 매우 빨라 걷는 사람과 차 안의 사람이 소통할 수 없었고, 당시 사람들에게 이러한 변화는 굉장히 낯선 것이었다.

클래런스 페리는 이 문제를 해결하기 위해 '근린주구近鄰住區'라는 개념을 제시한다. 어린이나 노약자가 걸어 다닐 수 있는 거리를 2분의 1마일, 즉 800미터로 가정하고, 가로세로 800미터 정도 되는 구획을 하나 만들어 7000명 정도가 생활할 수 있는 작은 마을을 설계한다. 여기에 유치원, 초등학교, 노인 복지 시설, 교회, 상점, 우체국, 경찰서, 동사무소 등의 시설을 둔다. 이것이 바로 근린주구다. 근린주구에는 자동차가 다닐 수 없고, 다른 근린주구나 시내로 나가려면 입구에 있는 버스 정류장에서 버스를 타거나 지하철을 이용해야 한다. 근린주구 안에 들어오는 차량은 모두 입구에 있는 주차장에 세워야 한다.

이론적으로 근린주구 안에는 차가 절대 다닐 수 없다. 또한 편의 시설이 마련되어 있기 때문에 어린이와 노약자는 근린주구 밖을 나가지 않고도 생활이 가능하다. 즉 교통 약자들을 사고 위험으로부터 보호하는 것이다. 또한 근린주구 주변은 녹지와 도로로 둘러싼다. 이러한 근린주구 4~5개를 모으면 인구 2~3만 명 정도가 살 수 있는 소규모 생활권을 만들 수 있다. 소규모 생활권에는 중고등학교, 대형 병원, 쇼핑몰, 스포츠센터, 영화관 등의 시설을 둔다. 이것이 근린주구 이론의 기본 개념이다. 근린주구 이론은 1920~30년대 미국과 영국의 신도시들에 적용되었고, 지금도 유효하다.

서울의 경우 1970~80년대부터 본격적으로 대단지 아파트가 건설되기 시작했다. 1964년 완공된 마포아파트 단지를 시작으로 1970~80년대에는 잠실, 반포, 상계, 사당, 여의도 등지에 많은 아파트가 단지 형태로 지어졌다. 1990년대에는 분당, 일산 등에 신도시들이 생겨났는데 근린주구 이론을 충실히 따른 대표적인 유형들이다. 각 아파트는 단지 형태로 지어졌고, 그 단지들을 묶어 '○○마을'이라고 불렀다. 그리고 그 ○○마을 안에 초등학교를 비롯하여 각종 상점과 편의 시설을 지었다. 아파트 단지 안에서는 소방차나 구급차 등의 긴급 차량 외에 일반 차량은 다닐 수 없고, 단지 안의 모든 차량은 지하 주차장을 이용해야 하는 곳도 있다. '차 없는 아파트'를 만드는 것이다. 그런데 이 부분은 오늘날 문제가 되기도 한다. 택배 차량이 출입하는 것도 금지하기 때문에 택배 기사들이 차에서 내려 짐을 들고 다니며 배달해야 하는 것이다. 그래서 택배 기사들의 배달 거부 사태가 일어나기도 했다.

눈을 감고 자신이 사는, 혹은 친구가 사는 아파트를 떠올려 보자. 5~6개 동, 때로는 10개 동이 넘는 아파트가 한꺼번에 지어지고 '○○단지' 혹은 '○○마을'이라고 불린다. 아파트 단지 입구에 커다란 정문과 경비실이 있고, 차량 출입이 통제된다. 단지 안에는 화단이 있고 그 옆에는 놀이터와 경로당, 유치원과 어린이집이 있다. 아파트에서 멀지 않은 곳, 어린이들이 걸어서 다닐 만한 곳에 초등학교가 있다. 단지 안의 상가에는 슈퍼마켓, 미용실, 부동산 중개업소, 인테리어 전문점을 비롯한 상점들이 있다. 이 모습은 어느 아파트나 비슷비슷하다. 그리고 이것이 바로 100여 년 전 페리가 주장한 근린주구 개념이다.

한국의 아파트

우리나라에 아파트가 들어온 건 언제일까. 처음으로 아파트가 들어선 것은 6·25전쟁이 끝난 뒤인 1950년대다. 전쟁으로 수많은 집이 파괴되어 복구가 시급한 상황이었다.

한국 최초의 민간 아파트는 1956년 서울시 주교동에 들어선 중앙아파트다. 건축 자재를 생산하는 중앙산업의 사원용 아파트로, 12세대가 사는 3층짜리 건물이다. 우리나라는 그전까지 2층 집을 짓는 전통이 없었기 때문에 내 집 위에 누군가 다른 사람이 산다는 것에 대한 거부감이 있었다. 그러나 중앙아파트는 건축 회사에 근무하는 사원들의 아파트였기 때문에 충격이 덜했을 것으로 추정된다.

이에 고무된 중앙산업은 이후 종암아파트와 개명아파트를 차례로 지어 일반인에게 분양한다. 5층 정도 높이에 복도식으로 지은 아파트로, 연립 주택과 형태가 비슷했다. 종암아파트는 13~17평대의 소형 아파트고, 개명아파트는 24평으로 중대형에 속했다.

그러다가 1964년 단지 개념을 최초로 적용한 마포아파트가 완공된다. 주택공사^{LH공사의 전신}에서 건설한 아파트로, 처음에는 10층짜리로 짓고 엘리베이터까지 설치할 계획이었다. 당시로서는 매우 혁신적인 주거 선

진화 계획이다. 그러나 사람들
이 보기에 10층은 지나치게 높
았고 아파트에 엘리베이터를 설
치한다는 것에 대한 반발도 많
았다. 그래서 결국 엘리베이터
없는 6층 건물로 축소해 지었다.

우리나라 최초의 아파트인 중앙아파트 건물.
현재는 상업용 건물로 사용되고 있다.

　　엘리베이터를 설치한 10층
짜리 아파트는 1970년대가 되어서야 등장한다. 대표적인 것이 여의도 시
범 아파트 단지와 반포아파트 단지들이다. 이때부터 아파트 이름에 '단
지'라는 말이 붙기 시작했고, 종암아파트나 마포아파트와 달리 수십 개
의 동으로 지어졌다. 또한 상가, 놀이터 등의 시설도 마련되었다. 물론 처
음에는 사람들이 위화감을 느꼈다. 단지 안에 놀이터와 슈퍼마켓을 설치
한다는 게 낯설었던 것이다.

　　1980년대부터는 단지형 아파트가 본격적으로 지어지기 시작한다.
잠실아파트 단지를 비롯해 상계동, 목동 등의 아파트가 모두 이 시기에
지어졌다. 그리고 1990년대에는 이러한 현상이 수도권 외곽으로 확산된
다. 분당과 일산을 비롯해 수지, 용인, 평촌 등에 각종 신도시들이 세워
진 것이다. 이러한 신도시들은 페리의 근린주구 이론이 가장 잘 실현된
예라 할 수 있다.

　　아파트에 단지 개념을 적용하면서 규모를 수평적으로 확장시킨 것
이 1990년대의 일이라면, 2000년대에는 초고층 주상 복합 아파트를 지
으며 수직적으로 확장시킨다. 60~70층 높이의 아파트가 등장한 것이다.

1964년 완공된 마포아파트. 우리나라에서 단지 개념을 최초로 적용한 아파트다.

이전에도 31층짜리 건물인 31빌딩과 63층인 63빌딩이 있었지만 그러한 고층 건물은 어디까지나 도심의 업무용 빌딩일 뿐이었다. 어린이와 노약자가 머무는 주택을 60~70층 높이로 짓는다는 것은 상상하기 어려운 일이었고, 사람들에게 충격을 주기에 충분했다. 더구나 초고층 주상 복합 아파트에는 실외에 있던 모든 시설이 실내에 있었다. 놀이터 대신 헬스클럽과 수영장이, 경로당 대신 파티장이 있는 아파트는 사람들에게 위화감을 주었다.

1950년대 이 땅에 처음 세워진 아파트는 60여 년 동안 끊임없이 성장해 왔다. 1950년대 씨앗이 뿌려졌고, 1960~70년대에는 떡잎을 내며 열심히 자랐다. 1980~90년대에는 서울을 넘어 수도권까지 그 세력을 넓혀 갔으며, 2000년대에는 60~70층까지 자라났다. 이제 아파트의 양적인 성장은 멈춘 듯하다. 당연한 일이자 다행스러운 일이다.

아파트의 기원은 고대 로마의 인술라에서부터 찾을 수 있지만, 오늘날 우리에게 너무나 익숙해진 아파트의 형태는 산업혁명기에 영국 정부가 주택난을 해결하기 위해 로우하우스를 지으면서부터 본격적으로 발전했다. 이후 1920년대 프랑스의 건축가 르코르뷔지에가 녹지 위의 고층 주거 개념을 내놓고, 미국의 클래런스 아서 페리가 근린주구 이론을 발표하면서 고층의 대단지 아파트가 등장한다. 오늘날 국민의 절반 이상이 살고 있는 아파트, 가장 많은 사람이 이용하는 가장 대중적인 주택이 된 아파트에는 이렇듯 산업혁명과 주거 혁명이라는 배경이 깔려 있다.

아파트 모델하우스의 비밀

아파트 모델하우스는 실제 평수보다 넓어 보인다. 이렇듯 분명 같은 평수인데도 아파트보다 모델하우스가 넓어 보이는 데는 몇 가지 비밀이 숨어 있다.

첫째, 바닥재부터 가구, 설비까지 모든 요소를 단색으로 통일한다. 대개 20평형 아파트의 모델하우스는 흰색이나 하늘색 등의 밝고 가벼운 색상을 쓰고, 30평형은 밝은 갈색 계열로 안정감을 주며, 50평대 이상은 짙은 갈색 계열로 중후한 느낌을 살린다. 밝은 갈색과 회색을 섞거나 하늘색과 짙은 갈색을 섞는 경우는 없다.

둘째, 베란다를 없애고 베란다의 바닥재를 거실과 통일해서 실내 공간을 최대한 크게 만든다. 물론 작은 표지판은 세워 둔다. '실제로는 베란다로 시공합니다.' 각자 알아서 베란다를 트고 방을 넓히라는 이야기다. 사실 베란다를 트는 것은 매우 위험한 행위다. 안방과 거실 등의 실내 공간과 외부 사이에 끼인 베란다는 그 자체로 완충 작용을 하여 여름의 뜨거운 햇볕과 겨울의 차가운 바람을 막아 주고, 소음과 먼지도 걸러 준다. 베란다를 개조하면 이러한 완충 기능을 하지 못한다. 이뿐만이 아니다. 베란다를 개조하려면 베란다와 거실 사이의 벽을 허물어야 하는데, 이는 구조적으로 심각한 문제를 가져온다. 화재가 났을 때 이용할 피난 통로도 사라진다. 이처럼 베란다 개조는 매우 위험하다.

셋째, 가구는 언제나 문의 대각선 방향에 둔다. 아파트에서 아이들

방은 다른 방보다 작기 마련인데, 이 작은 방도 넓어 보이게 하기 위해 문의 대각선 방향에 책상을 딱 하나만 둔다. 시선이 한쪽으로 쏠리면 방이 넓어 보이기 때문이다. 책상도 실제보다 조금 작은 크기로 준비해 상대적으로 방을 넓어 보이게 한다.

넷째, 신발을 벗고 납작한 실내화로 갈아 신은 뒤에 들어가도록 한다. 그리고 곳곳에 키 큰 도우미를 배치한다. 사람은 처음 경험하는 공간, 낯설고 잘 알지 못하는 공간을 접하면 위축되기 때문에 실제보다 크고 장엄하게 느끼는 경향이 있는데, 눈의 높이를 낮춤으로써 이를 극대화시키는 것이다.

이 외에도 아파트 모델하우스에는 여러 특징이 있다. 가사 노동을 연상시키지 않는 소품들만 배치한다는 것도 그중 하나다. 가정에서 주부의 발언권이 커지면서 아파트 판매 대상도 여성으로 바뀌고 있다. 각 기업체에서 주부 모니터 사원을 뽑는 이유도 이 때문이다. 그래서 모델하우스는 주방을 화려하게 꾸며 놓는다. 최고급 가전제품을 들여 놓는 것은 물론 소품도 신경 써서 배치한다. 모델하우스는 아파트라는 상품을 팔기 위한 일종의 미끼 상품이기에 실제보다 넓고 멋지게 보이려는 속임수가 곳곳에 숨어 있을 수밖에 없다.

공간을 위한 건축:
미래

여러 번 리메이크된 영화 〈킹콩King Kong〉은 미국인 탐험대가 신비로운 섬에 살던 킹콩을 생포해 뉴욕에 데리고 오는 것으로 시작한다. 그리고 금발 미녀를 한 손에 쥔 킹콩이 높다란 건물 꼭대기에 올라가 비행기와 맞서 싸우는 것으로 끝난다. 그때 킹콩이 오른 건물이 엠파이어스테이트 빌딩Empire State Building인데, 1931년 지어진 이 건물은 무려 41년 동안 뉴욕에서 가장 높은 빌딩이라는 영예를 놓치지 않는다.

그런데 그 전까지만 해도 뉴욕에서 가장 높은 건물은 크라이슬러 빌딩Chrysler Building이었다. 크라이슬러 빌딩은 1930년 완공되었는데, 이듬해에 엠파이어스테이트 빌딩이 완공되면서 영광의 자리를 빼앗긴다. 오늘날 뉴욕의 상징이 된 크라이슬러 빌딩과 엠파이어스테이트 빌딩은 가장 높은 건물을 짓기 위해 경쟁을 벌인 끝에 세워진 빌딩들이다. 그렇다면 두 건물은 왜 치열한 높이 경쟁을 벌인 걸까.

19세기 말 시카고

초고층high-rising 건물을 '마천루摩天樓'라고 부른다. '하늘을 만질 수 있는 높은 누각'이라는 뜻인데, 요즘은 도심 어딜 가나 마천루 숲을 볼 수 있다.

마천루가 처음 지어진 곳은 1890년대 미국 시카고다. 오늘날 미국에서 가장 번화한 도시는 뉴욕이지만 19세기에는 시카고였다. 전 세계의 이민자가 몰려들면서 19세기 말 시카고는 인구 100만 명에 달하는, 세계

1870년대 시카고에 지어진 마셜 필드 백화점(Marshall Field's Wholesale Store).
대화재 때 불타 사라졌다.

에서 열여섯 번째로 큰 도시가 된다. 그런데 1871년 시카고에 큰 화재가 발생한다. 역사적으로 갑자기 인구가 불어난 도시에는 화재가 발생하는 일이 많은데, 대개 대화재 이후 새로운 모습으로 발전한다. 64년 대화재를 계기로 로마가 체계적인 도시 재개발을 실시하면서 최초의 아파트인 인술라를 짓게 된 것처럼 말이다. 19세기 말의 시카고도 그랬다.

시카고는 대화재 이후 도로망을 정비하고 새 건물을 지어야 했다. 그런데 경제 성장과 함께 땅값이 치솟아 건물을 고층으로 올릴 수밖에 없는 상황에 놓였다. 그 전까지 건물은 10층 정도의 높이로 지어졌는데, 대화재 이후 더 높은 건물들을 짓기 시작했다. 물론 이것은 여러 가지 조건이 뒷받침되었기에 가능한 일이었다.

이전에는 콘크리트나 벽돌을 사용해 건물을 지었다. 그래서 건물이 높을수록 무게를 견디는 1층의 벽체가 두꺼웠다. 하지만 임대료가 가장 높은 황금 같은 1층을 두꺼운 벽체로 낭비해 버릴 수는 없었기에 무언가 다른 방식을 찾아야 했다. 그래서 나온 방법이 철을 이용하는 것이었다. 철은 벽돌이나 콘크리트보다 강도가 세기 때문에 훨씬 더 많은 무게를 지탱할 수 있는데, 산업혁명 때 철의 대량 생산 시대가 열리면서 건물 구조재로도 쓸 수 있게 되었다.

또한 이즈음 전기 엘리베이터가 개발되었다. 그전까지는 계단을 오르내려야만 했기 때문에 높은 건물이 환영받지 못했다. 그래서 19세기까지 유럽에서 가장 좋은 층은 2층이었다. 프랑스에서는 2층을 '벨 에타주belétage', 이탈리아에서는 '피아노 노빌레piano nobile'라고 하는데, 모두 '아름다운 층'이라는 뜻이다. 방은 3층, 4층으로 갈수록 인기가 떨어졌고, 꼭대기 층인 다락방은 사람들이 가장 꺼렸다. 대개 하녀들이나 가난한 예술가들이 여기 살았다. 그러나 엘리베이터가 발명된 뒤로는 높은 층일수록 인기를 끌었다.

1890년대 시카고에 최초의 마천루들이 들어선다. 철제로 지은 10~15층 건물들이다. 오늘날의 시각으로 볼 때는 전혀 아니지만 당시의 시카고는 세계에서 가장 높은 초고층 건물들이 들어선 도시였다. 홈 인슈어런스 빌딩Home Insurance Building, 1885년 완공, 55미터, 10층, 릴라이언스 빌딩Reliance Building, 1895년, 61미터, 16층, 웨인라이트 빌딩Wainwright Building, 1891년, 45미터, 10층 등이 이때 지어졌는데, 모두 기업의 사옥이자 사무소 빌딩이라는 특징이 있다. 즉 기업이라는 주체가 새로운 건축주로 등장한 것이다.

1890년대에 지어진 웨인라이트 빌딩. 오늘날까지 남아 있다.

역사적으로 최고의 건물을 지은 사람은 그 시대의 최고 권력자였다. 이집트의 피라미드, 메소포타미아의 지구라트를 지은 사람은 신과 인간의 중간 존재로 여겨질 만큼 놀라운 권력을 소유했던 왕들이었다. 그다음으로 로마 시대의 목욕장과 원형 경기장, 포럼, 바실리카 등을 지은 이는 로마의 황제들이었다. 이 건물들은 강력한 권력을 행사했던 로마의 황제들이 권력을 유지할 목적으로 우민화 정책을 실시하면서 대중에게 지어 준 것이었다. 이민족의 침입으로 고대 로마가 쇠망한 뒤 유럽에 암흑시대가 펼쳐져 왕권이 한없이 약했을 때는 방어용 성채 외에 이렇다 할 건축물이 지어지지 않았다. 기독교의 힘이 강력해지기 시작한 중세 후기에는 성당 건축이 지어졌고, 왕권이 성직자의 권력을 넘어설 만큼 강해진 절대왕정 시대에는 베르사유, 루브르를 비롯한 왕궁들이 지어졌다. 이렇듯 그 시대 최고의 건축물은 당대 최고의 권력을 가진 자가 지었다. 그런데 산업혁명 이후 새로운 권력 집단이 등장했으니, 바로 기업이다. 그 이전에는 기업이라는 것이 존재하지도 않았다.

　　중세 사회에서 가장 부유한 자는 왕과 귀족이었는데, 이들의 부는 토지에서 나왔다. 왕은 그 나라에서 가장 많은 땅을 소유했고, 왕실의 친인척으로 구성된 귀족 집단은 왕으로부터 방대한 땅을 하사받아 거기서 올라오는 지대 수익으로 생활했다. 그런데 18세기부터 서서히 지대 수익이 아닌 다른 수익으로 부를 축적하는 계층이 생기기 시작한다. 제국주의 시대에 인도, 베트남, 아프리카 등지로 건너가 무역으로 돈을 번 사람도 있고, 급변하는 환경에 맞춘 사업으로 돈을 번 사업가들, 특히 공장을 짓고 거기서 만든 상품을 팔아 돈을 번 사람들도 있었다. 이러한 공장들은 사업 규모가 점차 커지면서 법인이나 기업이 되어 갔다. 그러면서 산업혁명 시대의 새로운 권력 집단으로 떠올랐다.

이들은 새로운 권력을 담기 위한 그릇으로서 사옥을 짓기 시작한다. 19세기 말 시카고에 사옥들이 지어진 것은 그 때문이다. 20세기가 되면서 기업은 무대를 뉴욕으로 옮긴다.

20세기 뉴욕의 마천루 경쟁

1920~30년대 뉴욕에는 지상 최대의 마천루 경쟁이 펼쳐진다. 기술이 발달함에 따라 점점 더 높은 건물을 세우기 시작한 것이다.

19세기 시카고의 건물들은 주철iron로 지었지만 20세기 뉴욕의 빌딩은 강철steel로 지었다. 탄소 함량이 많은 것이 주철인데 흔히 무쇠, 주물이라고 부른다. 색깔은 검은색을 띠고, 무겁다. 무쇠 가마솥이나 석탄 난로를 생각하면 된다. 한편 주철보다 높은 온도에서 제련하여 탄소 함량을 낮춘 것이 강철인데, 주철보다 훨씬 가볍고 강도가 높기 때문에 강철을 이용하면 건물을 훨씬 높이 지을 수 있다. 20세기 초반 유럽은 1차 세계대전을 겪으면서 경제적으로 쇠퇴했지만 태평양 너머에서 전쟁을 전혀 겪지 않은 미국은 1920년대에 최고의 경제 호황을 맞고 있었다. 고층 건물을 지을 여력은 충분했다.

울워스 빌딩Woolworth Building, 1913년, 241미터, 57층을 시작으로 크라이슬러 빌딩1930년, 319미터, 77층, 엠파이어스테이트 빌딩1931년, 381미터, 102층, 록펠러 센터

크라이슬러 빌딩. 완공 당시 울워스 빌딩을 꺾고 세계에서 가장 높은 빌딩으로 자리매김했다.

엠파이어스테이트 빌딩. 뉴욕을 상징하는 건물이다.

Rockefeller Center, 1939년, 259미터, 70층 등이 연이어 지어졌다. 이름에서 알 수 있듯 모두 대기업의 사옥이다. 새로운 권력 집단으로 떠오른 기업과 재벌이 가장 높은 건물을 지은 것이다. 뉴욕 최초의 마천루라 할 수 있는 울워스 빌딩은 건립 당시 '상업의 성전'이라는 별명까지 얻었다. 중세의 성당과 근세의 궁전에 이어 새로운 권력을 상징하는 건물이 출현했다는 뜻이다. 크라이슬러 빌딩은 자동차 강국인 미국의 면모를 그대로 드러내는 건물로, 완공되었을 당시 세계에서 가장 높은 건물이었다. 하지만 이듬해 지어진 엠파이어스테이트 빌딩에 그 자리를 빼앗기고 만다. 엠파이어스테이트 빌딩은 월드 트레이드 센터World Trade Center, 1973년, 417미터, 110층가 건립되기까지 41년간 가장 높은 건물이라는 명예를 누린다. 영화 〈킹콩〉에서 킹콩이 엠파이어스테이트 빌딩의 꼭대기로 기어오르는 것은 바로 이러한 배경에서 나왔다.

개발 도상 국가의 마천루 경쟁

현재 세계에서 가장 높은 건물은 무엇일까. 지금 이 순간에도 지구 곳곳에 새로운 건물이 지어지고 있기에 순위는 시시각각으로 변할 수 있지만, 2015년 1월 기준으로 가장 높은 건물은 아랍에미리트 두바이에 있는 부르즈 할리파 빌딩Burj Khalifa, 2010년, 828미터, 163층이다. 2위는 중국 상하이의 상하이 타워Shanghai Tower, 2015년, 632미터, 121층, 3위는 사우디아라비아 메카에 있는 아브라즈 알 바이트 타워Abraj Al Bait Tower, 2012년, 601미터, 120층, 4위는 미국 뉴욕

부르즈 할리파 빌딩. 세계에서 가장 높은 건물로, 세계적인 관광지가 되고 있다.

의 원 월드 트레이드 센터One World Trade Center, 2014년, 541미터, 108층다. 이 건물은 지난 2001년 9·11테러로 붕괴된 월드 트레이드 센터 자리에 지어졌다. 5위는 타이완의 타이베이 월드 파이낸셜 센터Taipei World Financial Center, 2003년, 509미터, 101층, 6위는 중국의 상하이 월드 파이낸셜 센터Shanghai World Financial Center, 2008년, 492미터, 110층, 7위는 홍콩의 인터내셔널 커머스 센터International Commerce Center, 2010년, 484미터, 118층, 8위는 말레이시아의 페트로나스 트윈 타워Petronas Twin Tower, 1998년, 452미터, 88층다. 아직 완공되지는 않았지만 한창 짓고 있는 초고층 건물로는 2020년 완공 예정인 사우디아라비아의 킹덤 타워Kingdom Tower가 있다. 이름에서 알 수 있듯이 사우디아라비아의 왕자 알 왈리드 빈 탈랄Al Waleed bin Talal의 자본으로 짓는 건물인데, 예상 높이가 1000미터, 170층에 이른다. 현재 가장 높은 건물인 두바이의 부르즈 할리파가 828미터인 것과 비교하면 놀라운 높이다. 인류 역사상 1000미터 높이의 건물을 지은 적이 없기 때문에 더욱 의미가 크다. 우리나라에서는 서울 잠실의 제2롯데월드Lotte World Tower가 2016년 12월 준공을 앞두고 있다. 제2롯데월드는 555미터에 123층으로, 우리나라에서 가장 높은 건물이자 세계 5위 안에 드는 건물이 될 것으로 예상된다.

세계 10위권 안에 드는 초고층 건물들은 묘한 공통점이 있다. 모두 업무용 빌딩이며 업무 분야는 무역, 금융이 압도적으로 많다는 점이다. 또 중동과 중국을 비롯한 신흥 개발 도상 국가에 지어진 경우가 많다. 100여 년 전 최초의 마천루 시대를 연 곳이 미국의 시카고와 뉴욕이라는 것을 생각하면 의아하지만, 한편으로는 당연한 일이기도 하다.

19세기 말~20세기 초 미국은 지구상에서 경제적으로 가장 풍요로

서울의 제2롯데월드. 우리나라에서 가장 높은 건물이 될 예정이다.

운 나라인 동시에 유럽 문화에 대한 열등감을 가진 나라였다. 어찌 보면 미국 건축의 역사는 유럽 문화에 대한 열등감을 지우는 과정이었다고도 할 수 있다. 미국이 남북전쟁1861~1865년 미국 북부와 남부가 벌인 내전을 끝내고 독립 국가로서의 모습을 갖추어 가던 19세기에는 신고전주의가 크게 유행했다. 신고전주의는 고대 그리스의 건축 양식을 현대적으로 재해석하는 것인데, 백악관을 비롯하여 워싱턴에 짓는 공공건물들은 대부분 이 양식을 따랐다. 당시 로마의 건축을 재해석한 로마네스크Romanesque 양식이 유행하던 유럽과 달리 미국은 로마보다 더 오래된, 로마의 요람이라고 할 수

미국 워싱턴 D.C.의 백악관. 신고전주의 양식으로 지어졌다.

있는 그리스 양식을 모방한 것이다. 이처럼 미국이 유럽의 모태인 로마, 그 로마의 모태인 그리스의 건축 양식을 새삼 부활시킨 것은 유럽 문화에 대한 열등감을 드러낸 것이라고 볼 수 있다.

19세기에 그리스 건축 양식을 모방하던 미국은 20세기에 들어 새로운 것을 창조하고 과시하려 한다. 그리고 그 방법을 기술력과 경제력의 합작품이라 할 수 있는 초고층 건물에서 찾는다. 1920~30년대 뉴욕에서 마천루 경쟁이 벌어진 것은 바로 이 때문이다. 그리고 100여 년이 지난 21세기에 마천루 경쟁은 중동과 아시아를 비롯한 개발 도상 국가들로 옮겨 온다.

가장 높은 건물을 짓는다는 것은 큰 의미가 있다. 고대 그리스의 신전이든 이집트의 피라미드든 바빌론의 지구라트든, 건축의 역사는 가장 높은 건물들의 역사라고도 할 수 있다. 그리고 높은 건물을 짓는 목적은

'권력 과시'다. 물론 우리나라도 예외는 아니다. 우리나라 초고층 빌딩 역사의 시작은 1971년 서울 삼일로에 세워진 31빌딩이다. 그 옆에는 우리나라에서 가장 높은 삼일고가도로가 있었는데 지금은 철거되었다. 1970년대는 일제 강점기와 6·25전쟁의 상처를 회복해 가면서 경제 개발을 시작하던 시기다. 그때 세운 삼일로의 31빌딩과 삼일고가도로는 일제 강점기의 치욕을 벗는다는 의미를 담아 이름 지은 것이었다.

1980년대에는 63빌딩과 한국종합무역센터가 지어진다. 당시 어느 정도 경제 성장을 이룬 우리나라는 전쟁의 상처를 극복하고 국력을 신장했음을 세계만방에 과시하려 했다. 86 아시안게임과 88 서울올림픽을 앞두고 60여 층 높이의 건물 두 채를 강남 지역에 세운 것은 필연적인 결과였다. 1997년 외환위기를 비롯해 몇 번의 경제위기를 겪고 다시 경제 활성화를 꾀하는 2016년 현재 123층 높이의 건물이 지어지고 있는 것 역시 당연한 일일 것이다.

초경간 건축, 심층화 건축

21세기에는 또 어떤 건물들이 들어설까. 건물은 무한정 높아지기만 할까. 2020년 완공될 예정인 1000미터짜리 건물에서 보듯 높이 경쟁은 당분간 계속될 것으로 보인다. 현재 기술력으로는 1600미터 높이까지 건물을 짓는 것이 가능하다. 대략 270층 높이에 해당하는데, 어쩌면 21세기가 가기 전에 지어질지도 모른다. 1600미터를 넘어가면 공기압이 감소해 저산소증을 유발하고 바람에 의한 빌딩 진동이 증가하는 등 안전상의 문제가 발생하기 때문에 지금으로서는 그 높이가 한계다. 미래에 또 어떤 신기술이 나와 이 문제를 해결할지는 알 수 없다.

한편 건축의 발달 과정에 있어 또 하나 눈여겨봐야 할 기술이 있으니, 바로 경간經間이다. 경간은 기둥과 기둥 사이의 간격을 뜻한다. 인간은 높이 짓는 것 외에 경간을 확장하는 것에도 집중해 왔다. 앞서 이야기한 것처럼 고대 그리스의 신전은 겉으로 보기에는 우아해 보일지 몰라도 지붕을 받치기 위해 촘촘히 배치한 기둥들 때문에 정작 내부 공간은 너무 좁아서 실용성이 떨어진다. 로마에서는 콘크리트라는 재료와 볼트 구조를 이용해 넓은 실내 공간을 확보했고, 이 볼트 구조는 중세 성당에까지 영향을 미쳤다. 산업혁명기에는 철이라는 새로운 재료로 트러스 구조를 만들었다. 이 기술들은 결국 넓은 실내 공간을 확보하는 데 목적이 있다. 물론 구조상 기둥이 전혀 없을 수는 없다. 하지만 기둥과 기둥 사이의 간격이 넓으면 좀 더 쾌적한 실내 공간을 확보할 수 있다. 실내 체육관이나 극장에 기둥이 있다면 불편할 것이다. 경간을 최대한 넓힌 초경간wide-span이 21세기 건축의 또 다른 화두가 될 것이다.

20세기를 장식한 초고층 건물의 싹이 19세기 말에 텄듯, 21세기를 지배할 초경간 건물도 이미 싹을 틔웠다. 영국 런던에 있는 밀레니엄 돔Millennium Dome은 천막 구조로 지붕을 덮어 거대한 실내 공간을 만든 건물이다. 천막 구조는 오늘날 곳곳에서 시도되고 있는 새로운 구조 중 하나인데, 이 역시 중동 지역에서 많이 지어지고 있다. 사우디아라비아 킹압둘아지즈 국제공항의 하지 터미널Haji Terminal도 천막 구조로 만들어졌다.

영국 런던의 밀레니엄 돔. 천막 구조로 지붕을 덮어 거대한 실내 공간을 만든 초경간 건물이다.

공항처럼 사람이 많이 모이는 대형 공간은 돔형 구조를 많이 사용하는데, 철재로 기둥을 세우고 알루미늄으로 지붕을 덮는 일반적인 경우와 달리 하지 터미널은 고탄력의 장력 섬유로 지붕을 만들었다.

영국의 건축가 노먼 포스터Norman Foster가 설계한 엔터테인먼트 센터 칸 샤티르Khan Shatyr도 유명한 천막 건축이다. 세계에서 가장 높은 텐트라고 불리는 이 건물은 카자흐스탄의 행정 수도 아스타나에 있다. 중앙아시아의 내륙에 위치한 이 지역은 겨울이 되면 기온이 영하 40도까지 떨어지는데, 카자흐스탄 정부는 칸 샤티르를 세워 국민들이 추운 겨울에도 재미있고 안전하게 생활할 수 있도록 했다. 텐트 높이는 자그마치 150미터다. 물론 진짜 텐트는 아니고, 텐트 모양의 거대한 천막 구조 건축물이다.

건물의 구조는 크게 두 가지로 나눌 수 있는데, 하나는 콘크리트나 벽돌을 이용해 아래에서 위로 쌓아 올리는 구조고, 또 하나는 높은 기둥을 세운 뒤 그 위에 막을 덮어 만드는 구조다. 이 중 두 번째 경우에 해당하는 것이 천막 구조 건축물이다. 내부에 넓은 실내 공간을 확보할 수 있다는 장점이 있다.

초경간 건물뿐만 아니라 심층화深層化 건물도 발달하고 있다. 건물을 지상으로 높이 올리는 고층화와 반대로 지하로 깊이 들어가는 것을 심층화라고 하는데, 최근 들어 지하 공간 확장이 새로운 화두로 떠오르고 있다. 어쩌면 20세기 중반 대도시에 지하철을 만들고 건물마다 지하 주차장을 만들던 것이 심층화의 시작이었을지도 모른다. 지하 공간은 그 이후로 계속해서 확장되고 있다. 서울 지하철만 봐도 각 환승역마다 지하상가가 있고, 대형 쇼핑몰이나 백화점으로 바로 갈 수 있는 통로도 있다. 지하 공간을 확장시킨 대표적인 예가 코엑스몰인데, 대형 쇼핑 공간뿐만 아니라 전시용 수족관까지 지하에 만들어 두었다. 미래에는 이러한 경향이 점점 더 심화될 전망이다.

건축의 미래는 교통기관의 발달과 함께 생각해야 하니 비행기가 상용화되고 있는 최근의 추세와 건축의 심층화를 연결시켜 볼 수도 있다. 오늘날에는 대형 여객기 외에도 개인용 헬리콥터나 경비행기가 많아지고 있는데, 건물과 비행기가 충돌해 사고가 날 가능성을 생각하면 이제

지하 공간이 더 안전할 수도 있다. 게다가 서울을 비롯한 대도시의 웬만한 도심에는 이미 높은 건물들이 들어서 있어 건물을 허물고 새로 짓는 것도 어렵다. 몇몇 대학교에서 진행하고 있는 지하 광장 신설, 지하철역과 지하 광장의 연계도로 확충 역시 그러한 틀에서 이해할 수 있다.

지하 공간의 확장과 심층화는 우려되는 부분도 많다. 햇빛이 들지 않고 환기가 어렵기 때문에 위생상의 문제가 발생할 수 있고, 무엇보다 화재에 치명적이다. 아직 대형 지하 공간에서 화재가 발생한 적은 없지만 앞으로 전혀 일어나지 않으리라는 보장도 없다.

지금까지 건축은 주로 높이 경쟁과 초경간의 확보에 초점이 맞추어져 있었다. 그리고 또 하나 눈여겨볼 요소로 심층화가 있는데 아직까지는 이에 대한 논의가 부족해 보인다. 21세기 도시에 어떤 건축이 어떤 모습으로 자리 잡을지는 좀 더 두고 보아야 할 듯하다.

걷기 편한 도시, 보기 좋은 도시

해외여행을 하다 보면 여러 가지 색다른 경험을 하게 된다. 비행기를 타고 하늘에 떠서 도시를 내려다보는 것도 그중 하나다. 이러한 경험은 비행기 이용이 대중화되면서 가능해진 것으로, 그전에는 상상도 할 수 없었다.

19세기까지 주요 교통수단은 마차와 도보였다. 그래서 건물도 사람의 보행 속도에 맞추어 설계되었다. 천천히 걸으며 주위의 건물을 볼 수 있도록 휴먼 스케일human scale을 적용한 것이다. 휴먼 스케일이란 사람의 움직임과 크기를 기준으로 한 척도로, 건물이나 가구, 차 등을 설계할 때 기준으로 삼는 개념이다. 사람의 시선이 닿는 곳마다 섬세함이 요구되었기에 간판도 작게 만들었고, 걷다가 지친 사람을 위해 차양막이나 벤치 등을 곳곳에 설치했다. 2층에 있는 사람과 거리에 있는 사람이 이야기를 나눌 수 있도록 테라스와 난간도 만들었다. 엽서와 사진으로 남아 있는 18~19세기 유럽 도시의 전형적인 모습이다.

그런데 20세기에 자동차가 대중화되면서 건물 형태가 변하기 시작한다. 달리는 차 안에서 창밖을 보면 가까운 것보다 멀리 있는 것이 잘 보이고, 도로 위의 글씨도 압축되어 보인다. 그래서 멀리서도 금방 눈에 띄는 건물, 빠른 속도로 지나가면서도 쉽게 알아볼 수 있는 건물이 등장한다. 한껏 강조한 가로선, 강렬한 원색, 홍보용 수직탑, 커다란 간판, 둥근 모서리자동차가 모퉁이를 돌 때 부딪히지 않도록 함, 거대한 주차장 등을 특징으로 하는 건축이다. 대표적인 예가 주유소, 고속도로 휴게소, 대형 할인점,

맥 드라이브^{자동차에서 주문하는 맥도널드 매장} 등이다. 자동차 천국으로 알려진 미국에서 발달한 건축으로, 처음부터 자동차를 위해 만들어졌다.

21세기에 들어 도시는 또 한 번 변하고 있다. 비행기와 해외여행이 보편화됨에 따라 비행기의 속도에 맞춘 건축이 등장한 것이다. 비행기가 이륙할 때 창밖을 보면 커다란 건물들이 점점 작아진다. 반대로 착륙할 때는 장난감 같이 작은 건물이 점점 커지는 것처럼 보인다. 새나 신이 아닌 인간에게는 절대 불가능하다고 여겨지던 것, 하늘에서 건물을 내려다보는 일이 가능해진 것이다.

19세기 유럽 도시들이 걷기 편한 도시이자 그림으로 그렸을 때 아름다운 도시라면, 20세기 미국 도시들은 자동차를 타고 다니기 좋은 도시이자 사진으로 찍었을 때 아름다운 도시다. 그리고 21세기 중동, 중국 등 개발 도상 국가들의 도시는 비행기를 타고 보는 모습이 아름다운, 동영상으로 찍었을 때 아름다운 도시다. 20세기에 자동차가 그랬듯 21세기에는 비행기가 더욱 대중화가 될 것이다. 그에 따라 비행기에서 바라볼 때 아름다운 건축도 증가할 것이다.

참고 문헌

1   신들을 위한 건축 : 고대

- 미하엘 그레고르 외, 《역사의 비밀》, 한스 크리스티안 후프 엮음, 이민수 옮김, 오늘의책, 2000.

- 마이클 우드, 《인류 최초의 문명들》, 강주헌 옮김, 랜덤하우스코리아, 2002.

- 조너선 글랜시, 《사진과 그림으로 보는 건축의 역사》, 강주헌 옮김, 시공사, 2002.

- 캐롤 스트릭랜드, 《클릭, 서양건축사》, 서민영·양상현·조난주·김마리 옮김, 예경, 2003.

2   제국을 위한 건축 : 로마 시대

- 피터 브라운·에블린 파틀라장·미셀 루슈·이봉 테베르, 《사생활의 역사 1》, 조르주 뒤비·폴 벤느·필립 아리에스 엮음, 주명철·전수연 옮김, 새물결, 2002.

- 스피로 코스토프, 《역사로 본 도시의 형태》, 양윤재 옮김, 공간사, 2011.

- 스피로 코스토프, 《역사로 본 도시의 모습》, 양윤재 옮김, 공간사. 2009.

- 노버트 쉐나우어, 《집》, 김연홍 옮김, 다우출판사, 2004.

- 폴 올리버, 《세계의 민속주택》, 이왕기·이일형·이승우 옮김, 세진사, 1996.

3   영토와 신을 위한 건축 : 중세

- 윤복자, 《세계의 주거문화》, 신광출판사, 2000.

- 레오나르도 베네볼로, 《세계도시사》, 윤재희·지연순·전진희 옮김, 세진사, 2003.

- 빌 리제베로, 《서양 건축 이야기》, 오덕성 옮김, 한길아트, 2000.

- 앙리 피렌, 《중세 유럽의 도시》, 강일휴 옮김, 신서원, 1997.

- 에디트 엔넨, 《도시로 본 중세유럽》, 안상준 옮김, 한울아카데미, 1997.

4 왕을 위한 건축: 절대왕정 시대

- 피터 윗필드, 《세상의 도시》, 김지현 옮김, 황소자리, 2010.

- 대한국토도시계획학회, 《서양 도시 계획사》, 보성각, 2004.

- 대니얼 보든 외, 《손 안에 담긴 건축사》, 김지원 옮김, 수막새, 2008.

- 김석철, 《김석철의 세계건축기행》, 창비, 1997.

5 산업을 위한 건축: 산업혁명 시대

- 토머스 마커스, 《권력과 건축공간》, 유우상·김정규·문정민 옮김, 시공문화사, 2006.

- 최윤경, 《7개의 키워드로 읽는 사회와 건축공간》, 시공문화사, 2003.

- 마크 기로워드, 《도시와 인간》, 민유기 옮김, 책과함께, 2009.

- 에드워드 글레이저, 《도시의 승리》, 이진원 옮김, 해냄, 2011.

6 민중을 위한 건축: 현대

- 존 리더, 《도시, 인류 최후의 고향》, 김명남 옮김, 지호, 2006.

- 알도 로시, 《도시의 건축》, 오경근 옮김, 동녘, 2006.

- 손세관, 《도시주거 형성의 역사》, 열화당, 2000.

- 빌 리제베로, 《건축의 사회사》, 박인석 옮김, 열화당, 2008.

- 마이크 데이비스, 《슬럼, 지구를 뒤덮다》, 김정아 옮김, 돌베개, 2007.

7 공간을 위한 건축: 미래

- 함인선, 《구조의 구조》, 장혜정 그림, 발언, 2000.

- 피터 홀, 《내일의 도시》, 임창호·안건혁 옮김, 한울아카데미, 2009.

- 제임스 트레필, 《도시의 과학자들》, 정영목 옮김, 지호, 1999.

사진 출처

- 18쪽　https://commons.wikimedia.org/w/index.php?curid=2258048
- 21쪽　https://commons.wikimedia.org/w/index.php?curid=6860115
- 24쪽　https://commons.wikimedia.org/w/index.php?curid=22135881
- 26쪽　https://commons.wikimedia.org/w/index.php?curid=36702100
- 29쪽　https://commons.wikimedia.org/w/index.php?curid=6532320
- 32쪽　https://commons.wikimedia.org/w/index.php?curid=9499904
- 41쪽　https://commons.wikimedia.org/w/index.php?curid=2071083
- 43쪽　https://commons.wikimedia.org/w/index.php?curid=18375492
- 44쪽　https://commons.wikimedia.org/w/index.php?curid=1231248
- 46쪽　https://commons.wikimedia.org/wiki/File%3AColosseum_Roma_2009.jpg
- 49쪽　위 https://commons.wikimedia.org/w/index.php?curid=1597477

　　　아래 https://commons.wikimedia.org/w/index.php?curid=7523348
- 51쪽　https://commons.wikimedia.org/w/index.php?curid=13278936
- 54쪽　위 https://commons.wikimedia.org/w/index.php?curid=24932378

　　　아래 https://commons.wikimedia.org/w/index.php?curid=24690132
- 57쪽　https://commons.wikimedia.org/w/index.php?curid=17946361
- 67쪽　https://commons.wikimedia.org/w/index.php?curid=1387383
- 68쪽　https://commons.wikimedia.org/w/index.php?curid=27899216
- 71쪽　https://commons.wikimedia.org/w/index.php?curid=5392816
- 75쪽　https://commons.wikimedia.org/w/index.php?curid=16196589
- 76쪽　https://commons.wikimedia.org/w/index.php?curid=1119413
- 77쪽　https://commons.wikimedia.org/w/index.php?curid=40041978
- 79쪽　https://commons.wikimedia.org/w/index.php?curid=9940041
- 82쪽　https://commons.wikimedia.org/w/index.php?curid=7052734
- 91쪽　https://commons.wikimedia.org/w/index.php?curid=4610028

- 94쪽 https://commons.wikimedia.org/w/index.php?curid=15781169

- 96쪽 https://commons.wikimedia.org/w/index.php?curid=471746

- 98쪽 https://commons.wikimedia.org/w/index.php?curid=28507665

- 100쪽 https://commons.wikimedia.org/w/index.php?curid=45167800

- 103쪽 https://commons.wikimedia.org/w/index.php?curid=4322110

- 111쪽 위 https://commons.wikimedia.org/w/index.php?curid=22499111

  아래 https://commons.wikimedia.org/w/index.php?curid=1861657

- 114쪽 위 https://commons.wikimedia.org/w/index.php?curid=2183217

  아래 https://commons.wikimedia.org/w/index.php?curid=543328

- 117쪽 https://commons.wikimedia.org/w/index.php?curid=6926930

- 120쪽 https://commons.wikimedia.org/w/index.php?curid=3190452

- 123쪽 https://commons.wikimedia.org/w/index.php?curid=18182995

- 131쪽 https://commons.wikimedia.org/w/index.php?curid=35857974

- 133쪽 https://commons.wikimedia.org/w/wiki/File:Bury,_Lancashire,_England,_1958.jpg

- 136쪽 https://commons.wikimedia.org/w/index.php?curid=11534365

- 149쪽 https://commons.wikimedia.org/w/index.php?curid=6024483

- 151쪽 http://www.wikiwand.com/nl/Louis_Sullivan

- 154쪽 https://commons.wikimedia.org/w/index.php?curid=20290117

- 155쪽 https://commons.wikimedia.org/w/index.php?curid=21187854

- 157쪽 https://en.wikipedia.org/w/index.php?curid=37469604

- 159쪽 https://commons.wikimedia.org/w/index.php?curid=42291878

- 160쪽 https://commons.wikimedia.org/w/index.php?curid=4399222

- 163쪽 https://commons.wikimedia.org/w/index.php?curid=1754197

교과 연계

1 신들을 위한 건축: 고대

- 중학교   사회1   7-1 도시의 의미와 도시 성장

                  역사1   1-3 문명의 발생과 국가의 형성

                                7-1 통일 제국이 들어선 중국

                                7-4 지중해 세계의 통일

- 고등학교   세계사   2-1 선사 시대와 고대 문명

                                2-2 진·한 제국과 고대 동아시아 세계

                                2-4 고대 지중해 세계

2 제국을 위한 건축: 로마 시대

- 중학교   역사1   7-4 지중해 세계의 통일
- 고등학교   세계사   2-4 고대 지중해 세계

                            한국사   5-2 일제의 침략과 식민지 지배 정책

3 영토와 신을 위한 건축: 중세

- 중학교   역사1   2-3 삼국의 문화와 대외 교류

  3-3 신라 말의 동요와 후삼국의 성립

  4-4 고려 문화의 발달

  5-1 조선의 건국과 통치 질서의 확립

  5-3 사림의 성장과 성리학 질서의 확산

  8-4 유럽 세계의 발전과 크리스트교 문화

  9-4 중세 유럽의 변화

- 고등학교   세계사   3-4 유럽 세계의 형성과 발전

  한국사   1-4 고대 국가의 문화 발전과 국제 교류

  2-4 고려의 문화 발달과 교류

  3-1 조선의 건국과 통치 체제의 정비

  5-3 3·1운동과 대한민국 임시 정부

4 왕을 위한 건축: 절대왕정 시대

5 산업을 위한 건축: 산업혁명 시대

6 민중을 위한 건축: 현대

- 중학교   사회1   7-1 도시의 의미와 도시 성장

                                      10-1 현대 사회의 변동

                     역사2   6-2 제2차 세계 대전과 국제 평화의 모색
- 고등학교   세계사   7-1 제1, 2차 세계 대전과 세계정세의 변화

7 공간을 위한 건축: 미래

- 고등학교   세계사   7-2 전후 세계의 변화~현대 세계와 인류의 과제

                     한국사   6-4 경제 발전과 사회 변화